성경인물들의 기도 (하)_신약편

Nihil Obstat:
Rev. Pius Lee
Censor Librorum
Imprimatur:
Most Rev. Boniface CHOI Ki-San, D.D.
Episc. Incheon
2016. 3. 9.

성경인물들의 **기도** (하)_신약편

1판 1쇄 발행 2016년 3월 28일
1판 4쇄 발행 2022년 9월 1일

글 차동엽

펴낸이 (사)미래사목연구소
펴낸곳 위즈앤비즈
주소 경기도 김포시 고촌읍 신곡로 134
전화 031-986-7141　　**팩스** 031-986-1042
출판등록 2007년 7월 2일 제409-31300002510020007000142호

ISBN 978-89-92825-88-7　04230
　　　978-89-92825-86-3(세트)

값 10,000원

성경인물들의

기도 하

신약편

차동엽 글

위즈앤비즈
Wisdom & Vision

/신앙 선배들의 실전 기도

　인간은 기도하는 존재입니다.

　시인하건 부정하건, 알 건 모르건, 말로써건 직관으로건, 누구
나 '절대'를 향하여 속바람을 털어놓습니다.

　무신론자라 자처하는 이조차도, 깊이를 알 수 없는 마음 바닥
후미진 곳에서는 자신도 모르게 기도하고 있다고 말하는 것이 옳
습니다.

　냉담을 공공연히 선언한 이 역시, 고집스런 항의로써 일정한 아
쉬움을 하느님께 토로하고 있는 셈입니다.

　이럴진대 명색이 신앙인인 우리야 얼마나 더 절박한 기도의 명
분들을 쌓아놓았겠습니까.

　저마다 기도할 이유는 넘치도록 있습니다.

　문제는 "어떻게 기도해야 할지" 잘 몰라서 여태 시행착오를 거
듭해온 것이 평균적인 안타까움이라는 사실입니다.

　"어떻게 하면 기도를 잘할 수 있을까?"

두말할 것도 없이, 무작정 기도하기보다는, 먼저 기도하는 법을 충실히 배우는 것이 상책입니다.

기도의 으뜸 스승은 당연히 예수님이시고, 최고의 기도는 의당 '주님의 기도'입니다.

하지만, 우리는 신앙 선배들을 통해서도 기도하는 법을 배울 수 있습니다. 그들은 우리에게 척박한 삶의 터에서 살아남는 생존 기도, 실전 기도를 가르쳐 줍니다.

차동엽 신부는 이점에 착안하여 『성경인물들의 기도』를 엮어냈습니다. 한 해 전 정숙의 시간을 청하여 허락해주었더니, 그 침묵 중에 조용히 옥토를 일구어 소담한 결실을 거두었습니다.

가난한 대로 나누고자 하는 그의 마음에, 이 글이 독자들에게 물 한 모금이라도 되어 주었으면 하는 축원을 보탭니다.

천주교 인천교구장
최기산 보니파시오 주교

무모함에 대한 변명

　이 글은 성경 속 인물들의 기도 '복원작업'의 시도입니다. 얼핏 무모하게 느껴지는 이 작업에 감히 착수한 것은, 우선 제가 기도를 기도답게 하고 싶어서 그랬습니다. 그러기 위해서는, 시대를 훌쩍 건너뛰어, 황량한 불모지에서 기도의 길을 닦은 선배들에게서 한 번 '정통으로' 배우는 것이 먼저이겠다 여겨졌습니다.

　기대는 적중했습니다. 과정은 고됐습니다만, 모델로 모신 인물들마다 제게 '한 수' 가르침을 주었습니다.

　이렇게 배움이 제법 누적되어갈 무렵 어느 새벽의 일이었습니다. 고요 가운데 시편 묵상을 하던 중, 한 단락이 '큰 글자'로 확대되어 눈에 들어왔습니다.

　　"주님께서 〔…〕 **헐벗은 이들의 기도**에 몸을 돌리시고
　　그들의 기도를 **업신여기지 않으시리라**" (시편 102,17-18).

지금도, 나지막이 소리 내어 내려 읽노라면, 뜻을 채 헤아리기도 전에 체감(體感) 단어군이 먼저 제 심금에 와 닿습니다. "헐벗은 이들의 기도", "업신여기지 않으시리라"!!! 번역문을 굳이 원문과 대조해 보면, "그들의 기도"는 "그들의 애소(애원, 탄원, 하소연)"로 바꿔 읽어도 무방할 듯합니다.

한 글자 한 글자 속에서 우리 시대 저마다의 애환과 고달픔을 속속 헤아려주시는 주님 '연민'이 고동치는 듯합니다.

이 시편 말씀은 뜬금없이 미래의 희망을 전하지 않습니다.

외려 숱한 성경 속 실재 인물들의 극적인 기도 체험을 증언합니다.

사실이 그랬습니다. 성조니 영도자니 임금이니 예언자니 할 것 없이, 아무리 당대를 호령하던 권세가도, 주 하느님 앞에서 기도할 때는 영락없이 "헐벗은 이"였습니다. 그들의 기도는 '애원하는 소리'요 '탄원'이었습니다. 그러기에 하느님께서는 그들의 애소(哀訴)를 "업신여기지" 않으셨던 것입니다.

저 시편 말씀의 반추가 이쯤에 이르자 저는 대뜸 이 구절을, 오늘 우리가 파란만장한 『성경인물들의 기도』에서 배운, '불후의' 증언으로 삼고 싶어졌습니다.

"옳거니! 주님께서 헐벗은 이들의 기도소리 들어주시고,
그들의 애소를 업신여기지 않으셨네!"

글을 엮는 지금도 이 증언은 유효합니다. 이 글을 읽는 이에게마다 이 증언이 자신의 이야기가 되기를 희망합니다.

이로써 머리말을 갈음하면서, 저는 이 시편 구절 다음에 이어지는 말씀을 애착합니다.

**"오는 세대를 위하여 이것이 글로 쓰여
다시 창조될(새) 백성이 주님을 찬양하리라"** (시편 102,19).

이 책이 이 시편 말씀의 작은 성취이기를 삼가 기도합니다. 이 책으로 인하여 "오는 세대"가 신앙 선배들의 기도를 배우고, 새 백성이 기도응답을 받아 주님을 찬양하게 되기를, 감히 소망합니다. 주님은 찬미받으소서. 아멘!

2016년 부활절을 앞두고 기도움막에서
차동엽 노르베르또 신부

"당신 말씀을 보내시어 그들을 낫게 하시고
구렁에서 구해 내셨다"(시편 107,20).

목차

글을 읽기 전에 / 그들은 우리에게 무엇인가?

그들, 우리는 이제 싫든 좋든 그들을 만날 것이다.

혹은 수십 페이지, 혹은 겨우 반 페이지 남짓, 때로는 단 몇 줄, 여러 모양새로 성경 공간에 박제된 주인공으로 남은 그들!

지금 우리는 그들을 만나기 위하여 그들이 살아 활동하던 시대로 잠입할 것이다. 그리하여 단 하나의 앵글, '기도'라는 관점만 가지고 그들의 삶을 추적할 것이다.

"그들은 어떻게 기도를 올렸고, 그 기도는 어떤 결말로 끝났을까?"

이것이 우리 궁금증이 알아내고자 하는 바다.

저마다 삶의 우여곡절이 펼쳐지는 가운데 하늘을 향하여 부르짖는 순간을 경험한다. 어떤 기도는 금세 응답받고, 어떤 기도는 거절당하기도 한다. 응답이 오기까지 한 평생을 기다려야 했던 경우도 있다. 성격 따라 기도의 방식도 다채롭다. 요컨대, 그들에게 세상만사 희로애락이 기도의 자리이며, 생사화복과 흥망성쇠가 기도의 결실이기도 하다. 그러니, 그 무진장한 영감의 지대를 넘나들며 그들의 기도 속으로 흠뻑 잠겨볼 심산이다.

12

그런데, 애초에 짚고 넘어가야 할 또 하나의 질문!

"그들의 기도는 나와 무슨 상관인가?"

기왕이면 그들의 기도가 우리 기도를 도약시켜주는 '실효적 영감'이 될 수 있기를 꿈꿔본다. 그러기 위해서는 그들의 기도를 사실대로 기록해주고 있는 성경의 증언이 우리들 각자에게 살아 있는 레마(하느님께서 나를 위해 내리시는 개인적 말씀)로 살아나야 할 것이다. 물론, 주관의 오류를 피하기 위하여 성경의 증언을 로고스(누구에게나 유효한 진리로서의 말씀: 요한 1,1 참조)의 관점에서 읽어야 한다는 것은 글쓰기와 글읽기의 대전제이겠다.

바라건대, 독자께서 이 글의 바탕이 되고 있는 로고스의 밭에서 자신에게 딱 맞는 레마를 만나 이런 독백을 했으면 좋겠다.

"그러고 보니, 그가 나이며, 그의 기도가 바로 내 기도인 걸…."

복음의 서광

세례자 요한
요셉

세례자 요한1 / 여명의 소리

절규가 찼을 때

세례자 요한! 그는 한마디로 구약에서 신약으로 넘어가는 문턱에 선 경계인이었다. 역사에서 가장 위대한 조연으로 꼽히는 그는 구약의 종점(終點)이며 신약의 시점(始點)이었다. 그가 맡은 배역의 우뚝함에 대하여 예수님께서는 이렇게 말씀하셨다.

"여자에게서 태어난 이들 가운데 세례자 요한보다 더 큰 인물은 나오지 않았다"(마태 11,11).

최고의 인물평이며 최상의 찬사다.

그 장본인 세례자 요한의 존재론적 주가를 드높인 것은 무엇보다도 잔혹했던 400년의 침묵, 곧 정적의 흑야였다.

하느님 예언 말씀의 기근은 구약의 마지막 예언자 말라키 이후 그야말로 몰인정했다. 스스로 '자비의 하느님'이라 홍보했던 하느님께서 정치 · 경제적으로 질곡에 빠진 당신 백성을 외면하시고, 장구한 세월이 흐르도록 아예 하늘 문을 닫으시고 소통 길을 끊어버리시다니!

나라는 페르시아 제국(기원전 538~), 마케도니아 제국(기원전 333~), 막간에는 시리아 왕국(기원전 198~), 그리고 마침내 로마 제국(기원전 63~)에 의해 차례로 유린당하여 꼴은 말이 아니고, 그나마 위로와 인내의 원천이었던 예언 말씀마저 뚝 끊겼으니, 그 답답함이 과연 어떠하였을까. 뜬금없이 버림받은 자의 당황, 상상조차 불허하는 낭패의 형국이었다.

이스라엘 백성이 할 수 있는 일이란 오로지 기다리는 것뿐이었다. 그 대상은 둘 중 하나!

첫째 대상은 당연히 '메시아'였다. 과거 숱한 예언자가 이구동성으로 '그날' 곧 '주님의 날'에 '반드시 오시리라'고 예언했던 인물 '기름부음받은이', 우리말로 '구원자'를 목 빼어 기다리는 것이 그들의 유일한 희망.

둘째 대상은 '예언자'였다. 그를 통해서 현실적 수난의 출구에 대한 하느님의 언질, 나아가 메시아 시대의 도래에 대한 하느님의 천기누설을 듣고 싶은 심정 간절했기 때문이다.

"하느님도 무심하시지, 어떻게 당신 백성을 이토록 비참 속에 내팽개치실 수 있나! 오신다던 그분은 감감무소식이고, 아직 때가 아니라면 위로의 한마디라도 해주시면 좋으련만 어째서 예언자는 나오지 않는가?"

그들의 기도는 탄식도, 절망도 아니요, 그저 중얼거림일 따름 아니었을까. 무엇이라도 상관없다. 확실한 것은 도처에서 백성들의 절규가 하늘을 찔러댔다는 사실이다.

"아, 하늘을 쪼개고 내려오십시오"(이사 63,19 참조).

이 절규가 필요절대량에 달했을 때, 이윽고 때가 찼다. 그리하여 저 피 섞인 기도를 들으시고, 구원의 예수님이 보냄받는다. 해결사요 답이신 예수님이 보내진다. 거의 동시대적으로 그분에 앞서 세례자 요한이 보내진다.

광야에 울린 소리

드디어 침묵을 깨는 음성이 들렸다. 발원지는 불모의 광야. 소리의 우렁참에 소문은 삽시간에 쫙악 퍼졌다. 사람들이 하나씩 둘씩 모여들더니, 어느새 구름 떼 같은 인파를 이뤘다.

가서 보니 시선집중 주인공의 몰골과 행색이 예사롭지 않았다. 그는 "낙타 털로 된 옷을 입고 허리에 가죽 띠를 둘렀다. 그의 음식은 메뚜기와 들꿀이었다"(마태 3,4). 눈빛을 보니 형형하다. "아하, 이분은 정말 하늘에서 온 분이 틀림없어"라는 느낌이 성큼 온다. 그의 말투는 권위에 찬 호통이었다.

"회개하여라. 하늘 나라가 가까이 왔다"(마태 3,2).

회개하여라? 얻다 대고 대뜸 반말인가! 하지만 기분 상하지 않았다. 들려온 것은 사람의 음성이 아니라 하느님의 말씀이었기 때문이다.

하늘 나라가 가까이 왔다? 얼마나 듣고 싶었던 말인가! '하늘 나라'는 물을 것도 없이 '하느님 나라', 곧 '하느님의 통치'를 뜻한다. '하느님의 통치'는 하느님께서 몸소 임금이 되어 통치하신다는 얘기다. 그렇다면 이는 직관적으로 다의적인 희망으로 느껴질 수밖에 없다. "곧 지긋지긋한 외세의 압제로부터 해방된다는 얘기구나! 하느님께서 우리를 다시 당신 백성으로 삼아주시어 은혜와 축복을 베푸시겠다는 약속의 말씀이로구나! 그렇다면 이제부터 '고생 끝 행복 시작'이라는 희소식이네!"

여하튼, 반가운 소리다. 지리한 침묵을 깨고 광야를 가르는 소리. 여러 세기 계속된 가뭄 중의 단비다. 그런데 자꾸만 얼른 해소되지 않는 물음이 되뇌어진다.

"누구지? 예언자인가? 예언자로 치기에는 말발이 센데. 엘리야인가? 모양새로 보면 꼭 엘리야인데. 언젠가 마지막 때에 주님의 오심을 예비하러 오실 것이라던 엘리야, 바로 그 엘리야인가? 그분도 아니라면, 메시아인가? 우리의 궁극적인 바람인 그 '구원자' 말야…."

이런 물음들이 속 시원히 답변되지 않은 채, "예루살렘과 온 유다와 요르단 부근 지방의 모든 사람"이 그에게 몰려왔다. 그리고 그의 강력한 초대를 따라 "자기 죄를 고백하며 요르단 강에서 그에게 세례를 받았다"(마태 3,6).

무엇인가에 홀린 듯 세례를 받았지만, 그게 무슨 의미를 지니는지는 여전히 미궁이었다. 중요한 것은 그의 정체를 파악하는 것이었다. 그에게 빗발치듯 물음이 던져졌다.

"당신은 누구요?"

그는 숨김없이 자신의 신원을 밝혔다.

"나는 이사야 예언자가 말한 대로 '너희는 주님의 길을 곧게 내어라.' 하고 광야에서 외치는 이의 소리다"(요한 1,23).

이로써 얼추 궁금증이 풀린 셈이다. 일단 그 자신이 '주님', 곧 '하느님 나라'를 통치할 메시아는 아니라는 얘기다. 그렇다면 예언자 아니면 엘리야다! 다음 글에서 밝혀지겠지만 그는 이 '둘 다'이면서 '둘 다'가 아니다. '둘 다'를 포괄하면서 '둘 다'를 넘어서는 인물이기 때문이다.

정체성은 사명이다. 이 사명의 때를 위하여 그는 광야에서 얼마나 자주 무릎을 꿇었을까. 괜스레 그의 곁에서 그의 고독한 기도에 화음을 넣어주고 싶어진다.

✦

저는 소리
당신은 말씀.
저를 이 땅에 보내신 이시여,
미구(未久) 어느 찰나
텅 빈 소리
우렁찬 목청으로
인적 끊긴 광야를 가를 때,
거기
지엄하신 말씀을 태워
"회개하라, 하느님 나라가 다가왔다"
천하를 호령하게 하소서.

저는 소리
당신은 말씀.
저를 돌처녀(石女)의 태중에 지으신 이시여,
원시의 소리
메뚜기와 들꿀과 새벽이슬로 고이 빚다가

때가 참에
400년 천형의 침묵을 깰 때,
거기
덩더꿍 복음 말씀 싣고
메시아의 도래를 선포하게 하소서.

저는 소리
당신은 말씀.
저 외칠 때
거기 말씀으로 오시어
당신께선 잠자던 영혼을 흔들어 깨우시고,
저 질러댈 때
거기 말씀으로 임하시어
당신께선 목석 같던 심상을 울리시고,
저 속삭일 때
거기 말씀으로 깃드시어
당신께선 기죽었던 어깨를 어루만져주소서.
아멘!

≫

세례자 요한2 / 길 닦는 자

거침없는 선포　세례자 요한이 홀연 광야에 나타나 첫 번째로 선포한 것은 '죄의 용서를 위한 회개의 세례'였다.

"회개하여라. 하늘 나라가 가까이 왔다"(마태 3,2).

이후 세례자 요한의 언행은 모두 이 한 문장의 구현을 위한 것이었다. 예수님께서는, 이에 화답이라도 하는 듯이, 저 문장을 당신의 첫 선포 근간으로 삼아주셨다(마태 4,17 참조). 그 위에 '죄의 용서'라는 엄청난 희소식(복음)에 대한 믿음을 종용하는 문구를 추가했을 따름이다.

"때가 차서 하느님의 나라가 가까이 왔다. **회개하고 복음을 믿어라**"(마르 1,15).

위 두 문장의 단순 비교만으로도 예수님 복음선포가 세례자 요한의 선포업적으로부터 얼마나 탄력을 받고 있는지가 확연히 드러난다.

하여간, 세례자 요한 발(發) 광야의 소리는 예루살렘과 온 유다와 요르단 부근 지방 모든 사람의 마음을 움직였다. 그들은 그에게 나아와 자기 죄를 고백하며 요르단 강에서 세례를 받았다. 하지만 그는 헐렁하게 세례만 주지 않았다. 매번 회개의 열매를 엄중하게 요구하였다.

"회개에 합당한 열매를 맺어라"(마태 3,8; 루카 3,8).

쉬우면서도 어렵고, 어려운가 싶으면서도 쉬운 말이다. 이에 사람들의 실질적인 물음과 세례자 요한의 답변이 줄을 잇는다.

먼저 군중이 묻는다. "그러면 저희가 어떻게 해야 합니까?"

요한이 답한다. "옷을 두 벌 가진 사람은 못 가진 이에게 나누어 주어라. 먹을 것을 가진 사람도 그렇게 하여라"(루카 3,11).

다음으로 세리들의 똑같은 물음에 요한이 답한다. "정해진 것보다 더 요구하지 마라"(루카 3,13).

그리고 같은 식으로 군사들에게 답한다. "아무도 강탈하거나 갈취하지 말고 너희 봉급으로 만족하여라"(루카 3,14).

요컨대, 군중들에게는 '나누고 베푸는 삶'을, 세리들에게는 '정의'를, 군사들에게는 '청렴'을 강조했다. 이 내용은 전부 각자의 직업과 처지, 각자의 상식에서 실천할 수 있는 것들이다. 이는 미카 예언서의 한 구절을 연상시킨다.

"사람아, 무엇이 착한 일이고 / 주님께서 너에게 요구하시는 것이 무엇인지 / 그분께서 너에게 이미 말씀하셨다"(미카 6,8).

답은 멀리 있지 않다는 얘기다. 몰라서 바르게 행하지 못하는 경우는 없다는 얘기다.

만일 세례자 요한이 오늘 우리에게 나타난다면, 우리를 향한 주문도 마찬가지일 것이다. 곧 각자의 생활 터와 직장에서 하느님의 자녀로서 합당한 삶을 살아야 한다는 요청일 터다. 하루하루 우리에게 주어지는 베풂의 기회, 의로운 처신의 기회, 정직한 행동의 기회를 놓치지 말아야 할 것이다.

저분이시다!

세례자 요한의 풍모와 언설에서 여간 예사롭지 않은 카리스마가 발산되니 사람들은 점점 그의 정체가 궁금해졌다. 더구나 기득권 세력인 바리사이 및 사두가이를 향해서 "독사의 자식들아, 다가오는 진노를 피하라고 누가 너희에게 일러 주더냐?"(마태 3,7)라는 도발적 독설까지 불사하니, 그의 일거수일투족은 예루살렘 일대에 연일 뉴스특보감이었다. 그의 메시지에 자신들의 이해관계가 얽혀 있기 때문이었다. 이에 대사제를 주축으로 하여 고위 사제들은 아랫사람들에게 명하였다.

"그 사람이 누군지 알아봐라."

이렇게 해서 사람을 보내는데, 일단 사제들과 레위인을 보낸다. 그리고 바리사이 역시 그들대로 사람을 보낸다. 이렇게 양쪽 본부가 사람들을 보내어 세례자 요한에게 묻는다(요한 1,19.24 참조).

"요한! 당신이 누구요? 당신은 메시아요?"

"아니오."

이어지는 질문에 세례자 요한은 자신이 엘리야도 예언자도 아님을 밝힌다. 그리고 '길 닦는 자'로서 자신의 사명을 확실히 표명한다.

"나는 이사야 예언자가 말한 대로 '너희는 주님의 길을 곧게 내어라.' 하고 광야에서 외치는 이의 소리다"(요한 1,23).

이에 사람들이 따져 묻는다.

"당신이 그리스도도 아니고 엘리야도 아니고 그 예언자도 아니라면, 세례는 왜 주는 것이오?"(요한 1,25)

요한이 응답한다.

"내가 주는 세례는 단지 씻는 예식이오. 준비하는 예식이란 말이오. 나는 물로 세례를 주지만, 그분은 불과 성령으로 세례를 줄 것이오"(요한 1,26; 루카 3,16 참조).

세례자 요한은 어디까지가 자신의 역할인지 정확하게 알고 있었던 것이다. 그의 사명은 어디까지나 예수님께서 하느님의 아들, 곧 메시아이심을 증언하는 것이었다(요한 1,34 참조).

과연 그는 자신의 역할에서 칼같이 멈췄다. 그러기에 그는 독한 마음으로 자신에게 몰려든 제자들의 발걸음을 예수님께로 돌린다. 그 대표적인 경우가 요한과 안드레아다. 마침 그는 예수님께서 지나가시는 것을 눈여겨보다가 제자들에게 등을 떠밀다시피 말한다.

"보라, 하느님의 어린양이시다"(요한 1,36).

바꿔 말하여, "저분이시다! 저분이 그리스도이시다. 가차 없이 저분을 따라라"라는 권고다. 세례자 요한다운 처신이다.

당신이십니까?

그런데 이 무슨 아이러니인가! 입때껏 "저분이시다" 했던 세례자 요한이, 헤로데의 패륜을 비판하다가 감옥에 갇혀 있을 때, 제자들을 보내 예수님께 질문을 전한다.

"오실 분이 선생님이십니까? 아니면 저희가 다른 분을 기다려야 합니까?"(마태 11,3)

그에게 왜 이 물음이 중요했을까? 본능적으로 죽음의 임박을 느꼈던 것이다. 그리고 자신의 임무 완수를 예수님께로부터 확인받고 싶었던 것이다. 어떤 답이 오건 그건 문제가 아니었다. 그는 이미 그가 그리스도임을 확신하고 있었기에. 알다시피 예수님의 답변은 "너희가 보고 듣는 것을 전하여라"(마태 11,4)였다. 세례자 요한에게는 이 한마디로 족했다. 그것은 이미 그가 예기했던 바였기 때문이다.

이제 여한이 없다. 오라, 죽음아! 오래지 않아 돌연 참수령이 내려졌다. 죽음의 순간, 시간은 길이를 초월한다고 한다. 세례자 요한은 참수의 찰나 무한길이의 시간 속에서 어떤 기도를 바쳤을까. 불현듯 한 줄기 심령의 포효가 들리는 듯하다.

⌃

당신이셨군요.
저는 그저 제 마음속 영감을 따라
선포했습니다.
때론 겁박으로, 때론 웅변으로, 때론 돌직구로
그러나 '사랑' 한가득 담아
외쳤습니다.
'당신의 길' 곧게 내는 일(요한 1,23 참조)이라면
단 하나의 기회도
놓치지 않고
서슴없이 전했습니다.
당신이셨군요.

당신이셨군요.

'당신의 길'을 닦은 죄로
저는 사형수가 되었습니다.
패륜의 권력자에게 '당신의 절대명령' 십계명을 강변한
죄로
저는 참수 요절의 운명이 되었습니다.
당신이셨군요.
안녕, 당신께 안도의 안녕을 고합니다.

당신이셨군요.
이 순간 푸른 빛 칼날이
목을 향하여 날아오네요.
이담, 하늘 나라에서
당신의 신발 끈을 풀 역할이 제게 허락된다면,
이 생(生), 후회 없는 질주이겠습니다.
당신이셨군요,
그토록 흠모했지만, 가까이 다가가지도 못하고
제 생을 바쳐 '짝사랑'만 해야 했던
정녕 당신이셨군요.
사랑합니다.
사랑해—읏…!

요셉 / 구세주의 양부

얼떨결에 산 생애　　한마디로 요셉은 얼떨결에 산, 예외적
생애의 주인공이다.

　본디 요셉은 비록 직업이 목수였지만, 다윗의 후손으로서 뼈대
있는 가문 출신이라는 자긍심으로 살고 있었다. 변방 갈릴래아 지
역 나자렛 고을의 선남 요셉은 같은 동네 대표선녀 마리아와 약혼
한 사이였다. 그때만 해도 그는 엄청 행복한 사나이였다.

　그런데 웬걸! 그는 우연히 마리아가 임신한 사실을 알게 된다(마
태 1,18 참조). 어떻게 알게 되었을까? 뜨겁게 사랑하는 약혼녀의 일
신상 변화를 알아채지 못한다면 그것이 비정상일 터다. 동침한 적
없는데 임신이라? 그는 충격을 추스르면서 순간적으로 궁굴려 추
측했다.

"이것이 어떻게 된 일인가! 도대체 어느 놈의 아이일까?"

당시 요셉의 심경을 성경은 다음과 같이 기록한다.

"요셉은 의로운 사람이었고 또 마리아의 일을 세상에 드러내고 싶지 않았으므로, 남모르게 마리아와 파혼하기로 작정하였다"(마태 1,19).

여기서 우리는 요셉이 '의로운 사람'이라는 사실에 주목할 필요가 있다. 요셉이 통속적인 의미에서 '의로운 사람'이었다면 마리아와의 관계를 '법'의 논리로 처리했어야 맞다. 만일 그랬다면 마리아는 율법의 전통에 따라 간통죄명으로 돌에 맞아 죽었을 것이다.

하지만 요셉의 의로움은 격이 다른 의로움, 곧 하느님 앞에서의 의로움이었다. 하느님 보시기에 흠도 티도 없는 사람! 곧 정의의 추를 사용하되 그 반대 측에 용서와 배려의 추로 균형을 잡을 줄 아는 사람, 이런 사람이 요셉이었다. 그러기에 그는 법에 호소하는 대신 '마리아의 일을 세상에 드러내'지 않고 파혼해주는 배려를 선택했다.

"이제 내가 파혼을 해주면, 아기 아빠와 마리아가 알아서 다시 약혼을 하든 결혼을 하든 하겠지."

요셉은 동네 사람들로부터 빗발칠 질문을 예상 못 했던 것이 아니다.

"너 미쳤냐? 그렇게 예쁜 여자를 말이야. 또 성품은 어떻고. 너 어쩌려고?"

이런 식으로 물어오면, 요셉은 필경 이렇게 답할 요량이었으리라.

"성격 차이야. 다 좋아도 성격이 안 맞으면 못 사는 거야!"

요셉은 마리아의 '혼외' 임신 사실을 끝까지 발설하지 않을 작정이었다.

그러나 알다시피 요셉의 속 쓰림은 거기까지였다. 이후의 이야기는 그것 자체도 느끼지 못할 만큼 '얼떨결에' 전개된다. 요셉이 저렇게 마음을 굳혔을 때, 주님의 천사가 꿈에 나타나 말한다.

"다윗의 자손 요셉아, 두려워하지 말고 마리아를 아내로 맞아들여라. 그 몸에 잉태된 아기는 성령으로 말미암은 것이다. 마리아가 아들을 낳으리니 그 이름을 예수라고 하여라. 그분께서 당신 백성을 죄에서 구원하실 것이다"(마태 1,20-21).

더는 구구한 설명도 필요 없게 되었다. 의인 요셉은 이 말씀으로 모든 것을 알아들었다. 그는 순간적으로 자신의 생애가 범상치 않을 것임을 직감했지만, 슬프지 않았다. 그의 선택 역시 마리아의 경우처럼 "주님의 뜻이 그대로 이루어지소서"였다. 그러기에 그는 영락없는 의인인 것이다.

행복한 들러리

시쳇말로 '바지' 남편에 '바지' 아버지!

복음서 전체를 일괄할 때, 심경이야 어땠건, 요셉은 이 들러리 역할을 훌륭히 해냈다. 마리아 임신 쇼크 때 요셉의 마음 씀씀이로부터 유추하건대 요셉은 자신의 특별한 역할에 행복해했을 것으로 짐작된다.

복음서 속 예수님의 유년기 이야기에서 요셉의 역할은 절대적으로 중요했다. 갈릴래아 나자렛에서 호적 등록차 베들레헴으로 임시 귀향 및 예수님의 탄생(루카 2,4-6 참조), 꿈에 나타난 주님 천사의 계시로 헤로데의 영아 살해를 피해 이집트로 이주(마태 2,13-15 참조), 다시 꿈속 천사의 계시를 따라 나자렛 고을 정착(마태 2,21-23; 루카 2,39 참조) 등등. 말이 여정이요 이주지, 교통과 숙박 여건이 열악했던 당시 상황에서 연약한 아이와 여자에게 요셉의 존재는 얼마나 든든하였을까.

복음서에서 요셉에 대한 언급은, 예수님께서 열두 살 되던 해 파스카 축제 때 3일 동안 실종되었다가 성전에서 다시 찾은 사건 기록 이후, 뚝 끊긴다. 열두 살이면 곧 성인식을 치를 나이다. 대강 그 언저리까지 아버지 역할을 해주는 것이 요셉에게 부여된 배역이 아니었을까 싶다.

눈에 띄는 대목은 그 사건 이후 예수님께서 부모와 함께 나자렛으로 내려가, 잠시나마 요셉에게 순종하며 지냈다는 사실(루카 2,51

참조)과 서른 살쯤에 활동을 시작한 예수님을 사람들은 요셉의 아들로 여겼다는 사실이다(루카 3,23 참조). 이는 그만큼 요셉이 친아버지 이상으로 아버지 역할을 훌륭히 살아냈다는 방증이다.

최측근 전구자　　　인간적인 고충이 없지 않았을 것임에도, 지상에서 성모 마리아와 요셉의 관계 그리고 예수님과 요셉의 관계는 부인할 수 없는 특권이다. 그러기에 요셉은 성인들 가운데 으뜸 성인으로 공경받고 있다. 교회 (기도) 박사 아빌라의 데레사 성녀는 요셉의 전구가 큰 효력을 발휘했다고 증언한다. 오늘 그는 하늘에 우뚝한 예수님의 최측근 전구자인 것이다.

　　요셉은 전구를 청하는 이들을 위하여 어떤 변론으로 천주성삼을 설득할까? 천상 직관소통의 무음 기도에 귀 기울여본다.

≪

　　지상에서, 저를 '아버지'로 불렀던 성자 예수님!
　　한 번 아들은 영원한 아들,
　　지상 아비 소청 좀 들어주셨으면.
　　저 아래 어드메 아무개가 천근 시름에 겨워
　　"성 요셉, 저희를 위하여 빌으소서"를 연호하며
　　울부짖는 소리

시리도록 심령을 파고드네요.
지상 아비 애통을 보사
그에게 자비를 베푸셨으면.

지상에서, 제 아내 마리아의 참 정배로서
육으로 남남인 부부지간에 '거룩한 결속'이 되어주신
성령님!
그 특은
"성 요셉, 저희를 위하여 빌으소서" 탄원하는
뿔뿔이 인생들에게도 내리소서.
만리장성의 사연을 지닌 채
찢어지고 터지고 파편화된 가족애의 시신을 부여안고
망연자실한 눈동자들에게
치유의 빛을 비추소서.
위장 부부인 저희에게 그리하였듯이
무엇으로도 끊을 수 없는 사랑의 끈으로
저들을 묶어주소서.

지상에서, 당신 아드님을 제게 맡기시어
양부(養父)의 영광을 누리게 해주신 성부 하느님!
그 신뢰 영원토록 폐하지 마소서.

제 생애, 허술했던 무녀리 삶을
겸덕과 섬김의 본으로 여기고
"성 요셉, 저를 위하여 빌으소서" 노래하며
터럭만큼이라도 닮아보려고 용맹정진하는
아마추어 수도자들의 기염에
제 영적 부성(父性)이 덩달아 춤을 추네요.
아낌없는 제 응원 값으로 쳐주시어
저들의 한 걸음 한 걸음에 부디 강복하소서.

　천국에서 어떤 말과 무슨 논리가 필요하겠는가. 척 하면 삼천리,
모든 것이 직관소통으로 이루어질 텐데. 그럼에도 그 무언어 소통
이 지상의 언어를 입게 되면 저렇게 되지 않을까, 하는 것이다.

내 기도가 통했네!

과부
바르티매오
자캐오
우도
백인대장

과부 /끈질김의 승부

제발 좀 청하라   기도에서, 지나친 욕심으로 너무 무리하
게 청하는 것도 문제지만 전혀 청하지 않
는 것도 문제다. 예수님 시대에는 후자가 훨씬 심각한 영적 고질
병이었던 듯하다. 요즘 같으면 '기복 기도'니 뭐니 하며 도대체 '청'
하는 기도를 만류하는 분위기도 있지만, 예수님께서는 기복이든
뭐든 "제발 좀 청하라"고 권고하셨다.

궤변이 아니다. 복음서 곳곳에는 예수님께서 기도를 권하는 말
씀들이 즐비하게 포진되어 있다. 고상한 기도를 권하셨을까? 아
니다. '친구의 청을 들어주는 사람의 비유'에서 예수님께서 예로
드신 것은 하나같이 생계와 관련된 것들이다.

"예수님께서 다시 그들에게 이르셨다. '너희 가운데 누가 벗이
있는데, 한밤중에 그 벗을 찾아가 이렇게 말하였다고 하자. '여보

게, 빵 세 개만 꾸어 주게. 내 벗이 길을 가다가 나에게 들렀는데 내놓을 것이 없네.' 〔…〕 너희 가운데 어느 아버지가 아들이 생선을 청하는데, 생선 대신에 뱀을 주겠느냐? 달걀을 청하는데 전갈을 주겠느냐?'"(루카 11,5-6.11-12)

'빵', '생선', '달걀'이 시사하듯이, 예수님께서는 청해야 할 것과 청하지 말아야 할 것의 경계를 긋지 않으셨다. 이런 기조에서 예수님께서는 다른 복음서에서 '무엇이든지' 청할 수 있다고 기도의 문을 다음과 같이 활짝 열어놓으셨다.

– "내가 또 진실로 너희에게 말한다. 너희 가운데 두 사람이 이 땅에서 마음을 모아 **무엇이든 청하면**, 하늘에 계신 내 아버지께서 이루어 주실 것이다"(마태 18,19).

– "너희가 기도하며 **청하는 것이 무엇이든** 그것을 이미 받은 줄로 믿어라. 그러면 너희에게 그대로 이루어질 것이다"(마르 11,24).

– "너희가 내 안에 머무르고 내 말이 너희 안에 머무르면, 너희가 **원하는 것은 무엇이든지** 청하여라. 너희에게 그대로 이루어질 것이다"(요한 15,7).

왜 예수님께서는 '무엇이든지' 청하라고 적극 권면하셨을까? 자비, 곧 사랑 때문이다. 물질적으로, 정신적으로, 나아가 영적으로 시달리는 당신 양 떼를 향한 측은지심, 곧 연민 때문이다. 생활고에 허덕이는 바닥 인생들의 처지가 불쌍하고 안타깝지만, 도무지 받으려 해야 베풀고, 청해야 응답해주지 않겠는가.

과부처럼 청하라

하지만 실제로 무엇이든 청할 수 있다고 해서, 청하는 것이 대번에 주어지는 일은 드물다. 그랬다가는 기도가 무슨 주술이나 주문처럼 치부되거나, 기도자가 너무 쉽게 받아서 아예 고마움을 모르고 배은망덕해질 위험이 도사리고 있기 때문이다.

이런 깊은 뜻도 모르고 처음에 적당히 기도해봤다가, 생각이 바뀌어 쉽사리 체념하거나 포기하는 일이 다반사다.

이런 심리를 꿰뚫어보신 예수님께서는 '과부와 재판관'의 비유를 들어, 우리의 기도를 독려하신다.

"예수님께서는 낙심하지 말고 끊임없이 기도해야 한다는 뜻으로 제자들에게 비유를 말씀하셨다. '어떤 고을에 하느님도 두려워하지 않고 사람도 대수롭지 않게 여기는 한 재판관이 있었다. 또 그 고을에는 과부가 한 사람 있었는데 그는 줄곧 그 재판관에게 가서, '저와 저의 적대자 사이에 올바른 판결을 내려 주십시오.' 하고 졸랐다. 〔…〕 **이 불의한** 재판관이 하는 말을 새겨들어라. 하느님께서 당신께 선택된 이들이 밤낮으로 부르짖는데 그들에게 올바른 판결을 내려 주지 않으신 채, 그들을 두고 미적거리시겠느

나?"(루카 18,1-3.6-7)

이 비유에서 "저 과부가 나를 이토록 귀찮게 하니 그에게는 올바른 판결을 내려 주어야겠다. 그렇게 하지 않으면 끝까지 찾아와서 나를 괴롭힐 것이다"(루카 18,5)에 기도 응답의 비밀이 숨겨져 있다.

기도는 '귀찮게', '끝까지', '괴롭히'듯이 하는 것이 상책이라는 것이다. 끈질김의 승부라 할까.

'과부'는 비유 속 여인이다. 이 과부의 끈질김을 똑 닮았던 실존 인물이 시리아 페니키아 여자였다. 가나안 여자(마태 15,21-28 참조)로도 알려진 이 여인은 이방인이었다. 그런데 딸이 중병에 걸렸다. 마침 그곳을 지나가시던 예수님께 여인이 매달린다(마태 15,21-28; 마르 7,24-30 참조).

"다윗의 자손이신 주님, 저에게 자비를 베풀어 주십시오. 제 딸이 호되게 마귀 들렸습니다."

예수님께서는 매몰차게 말씀하신다. "나는 이스라엘 사람들을 위해서 왔지, 이방인을 위해서 오지 않았다."

그래도 여인은 매달린다. "주님, 저를 도와주십시오."

예수님께서는 다음과 같이 말씀하신다. "아니다. 주인이 먹을 빵을 강아지에게 주는 것은 옳지 않다. 자기 자녀들에게 줄 것도 모자라."

그랬더니 여인이 다시 말한다. "강아지도 부스러기는 얻어먹는데요. 부스러기라도…. 부스러기라도…."

바로 앞에서 언급된 '과부'의 끈질김이다. 예수님께서는 이 여인의 믿음에 감탄하셔서 이렇게 말씀하신다.

"오! 장하도다. 참으로 네 믿음이 장하다. 여인아! 네 믿음대로 네 소원대로 이루어질 것이다."

그 길로 여인이 집에 가서 확인해봤더니 딸은 이미 나아 있었다.

이 상황에서 모녀는 이런 대화를 주고받지 않았을까? "몇 시에 나았냐?" 여인이 묻자, 딸이 대답한다. "몇 시에 나았어요." 여인은 놀라 감격하며 말한다. "그때가 바로 예수님께서 그 말씀을 하시던 때인데!"

예수님의 말씀이 그대로 이루어졌던 것이다.

끈질김의 3단계

뭐니 뭐니 해도 기도에서 끈질김만 한 비결은 없다. 예수님께서는 끈질김의 기도를 다음과 같이 권면하시기도 한다.

"청하여라, 너희에게 주실 것이다. 찾아라, 너희가 얻을 것이다. 문을 두드려라, 너희에게 열릴 것이다"(루카 11,9).

두루 알려져 있는 말씀이다. 그런데 여기에 나열된 세 가지는 거의 같은 메시지의 동어반복이 아니다. 평범한 기도에서 시작하여 점점 강도를 더해가며 집요하고 끈질기게 매달려 마침내 응답을 받아내라는 점층적 권고인 것이다. 이름하여 끈질김의 3단계! 그 속뜻을 헤아려보자면, 이렇다.

"우선 '달라고' 얘기해봐라. 웬만해서는 받을 것이다. 그래도 못 받으면 '찾아 나서라.' 온몸을 동원해서 백방으로 나서라. 온갖 기도의 방법을 총동원해봐라. 얻게 될 것이다. 그래도 못 얻으면, 하는 수 없다. 문을 두드리고 주인이 잠을 못 자게 요란을 떨어라. 이를테면 철야라도 하면서 (일인) 농성을 해봐라. 그러면 열릴 것이다."

바로 이런 의미로 알아들을 수 있는 것이다. 우리의 기도를 중재하실 뿐 아니라 기도 응답을 주시는 바로 그 전능자께서 이렇게 강력히 권하셨다면, 이는 약속 말씀이나 진배없다. 이사야 예언서의 말씀마따나 하느님께서는 당신 '약속 말씀'을 반드시 성취(이사 55,11 참조)하시니, 이 말씀 꼭 붙잡고 '무엇이건' 간구해볼 일이다.

처음 글머리에서 우리는 천금 같은 약속 말씀을 선물로 받았다.

"주님께서 […] **헐벗은 이들의 기도**에 몸을 돌리시고
그들의 기도를 **업신여기지 않으시리라**"(시편 102,17-18).

여기서 '헐벗은 이들'은 '가난한 이들' 또는 '가련한 이들'로 번역되기도 한다. 이런 의미에서 이는 어떤 특정 계층을 가리키기보다, 하느님 앞에 스스로의 가난함을 인정하는 모든 이를 총칭한다

고 볼 수 있다.

성경은 '헐벗은 이들'의 대표로 과부, 고아, 나그네 이렇게 3인
방을 꼽는다. 이는 자신의 '가련함'을 수긍하는 우리 역시, '과부'의
기도에 편승하여 예수님의 각별한 연민을 향유할 수 있음을 가리
킨다.

그러기에 예수님께서 즐겨 언급하신 '과부와 재판관의 비유'는
지금 이 시각 어디선가 바쳐질 어느 아낙의 기도를 위해 진즉 담
보된 응답이며, 동시에 어느 남정네의 가난한 기도에까지 유효한
열린 응답이라 할 수 있다. 어눌한 입술을 떼어 이 순간의 기도를
바쳐보자.

ᐱ

억울한 일을 당했시유,
좀 도와주셔야 되겠시유.
꼭 좀, 부탁해유.

저는 달리 매달릴 곳도 빽도 없시유.
좀 해결해주셔야 하겠시유.
꼭 좀, 도와주세유.

못 할 것 없으신 분이시니, 뭔 수가 있겠지유?

없으면, 나는 낭패유.

그냥 다 끝장이유.

≫

바르티매오 /막무가내 기도

예리코 각설이   바르티매오는 예리코의 길거리 걸인이었
다. 게다가 그에게는 태생부터 시각장애
가 있었으니, 우리네 시쳇말로 그는 예리코의 눈먼 각설이였던 것
이다. '바르티매오'에서 '바르(bar)'는 아람어로 '아들'을 가리키기
에, 바르티매오는 결국 '티매오의 아들'이란 뜻을 지닌다.

   그런데 결론부터 말하자면 그는 예수님을 만나 치유를 받는 소
수 주인공 가운데 하나가 되었다. 재미있는 사실은 그의 이야기를
전하는 마르코복음에서 기적을 입은 당사자의 이름이 기록된 것
은 그가 유일한 경우라는 점이다. 이는 그의 치유가 그만큼 사람
들의 기억 속에 뚜렷하게 각인되었음을 가리킨다.

   그가 예수님을 만난 것은 예수님께서, 당신 공생활이 종반으로

치달을 무렵, 잠시 예리코에 들르셨다가 막 수난과 죽음의 장소인 예루살렘으로 향하시기 직전의 일이었다.

'달의 도시'라는 낭만적인 이름을 가진 예리코는 예루살렘에서 북동쪽으로 33km 떨어진 요르단 강 근처 오아시스에 있었다. 해면보다 250m 낮은 저지대로 종려나무가 무성한 곳이었다. 이 도시는 그 옛날 이스라엘 백성이 이집트를 탈출하여 가나안으로 향할 때, 여호수아의 지도 아래 가장 먼저 점령한 도시였다(여호 4,13-6,27 참조).

예리코의 눈먼 각설이 바르티매오의 치유 이야기는 예리코의 세관장 자캐오가 예수님을 만나 특은을 입은 미담을 연상시킨다.

소란을 피우다

이제 예수님께서 예루살렘으로 올라가실 때가 되었다.

"사실 사람의 아들은 섬김을 받으러 온 것이 아니라 섬기러 왔고, 또 많은 이들의 몸값으로 자기 목숨을 바치러 왔다"(마르 10,45).

비장한 마음채비를 위해 이렇게 단단히 일러두시고서 죽음의 소굴을 향하여 예리코를 떠나는 예수님의 행보에는 제자들과 많은 군중이 따라붙어 북새통이었다. 그 무리에는 파스카 축제를 지내기 위해 북쪽 갈릴래아 지역으로부터 먼 길을 걸어와 예루살렘으로 올라가던 수많은 순례자도 합류하였다.

때마침 길거리에 앉아 있던 바르티매오는 "나자렛 사람 예수님"이라는 소리를 듣고, 외치기 시작하였다.

"다윗의 자손 예수님, 저에게 자비를 베풀어 주십시오"(마르 10,47).

그 자신에게는 절박한 소원의 발설이었지만, '많은 이'들의 귀에는 그 소리가 역겹게 들렸다. 인파로 인해 밀치고 밀리는 판이라 상황도 잠시의 멈춤을 허용치 않는 듯이 보였다. 그러기에 사람들이 "잠자코 있으라"고 꾸짖으며 극구 만류할 만도 했다.

하지만 바르티매오는 물러서지 않았다. 그럴수록 그는 더욱 큰 소리로 외쳐댔다(마르 10,48 참조).

"다윗의 자손이시여, 저에게 자비를 베풀어 주십시오."

부르짖음은 기도다. 두 번이나 연속해서 외쳤다는 사실(마르 10,47.48 참조)은 예수님을 향한 깊은 신뢰와 눈뜨고 싶은 절박함을 여실히 드러내 주고 있다.

하지만, 꾸짖음과 만류에도 불구하고 더욱 큰 소리로 외친 바르티매오의 태도는 교양과 상식과 예의와는 거리가 먼 것이었다. 막무가내! 적어도 이 순간만은 그랬다. 그만큼 그의 소원은 간절했던 것이다.

통하다　　마침내 이 간절함은 예수님께 전달되었다. 주변 사람들이 그에게 최소한의 예의를 기대한 것과는 달리 예수님께서는 그 간절함을 먼저 보셨다. 때로는 간절함, 곧 절박함이 교양, 상식, 예의보다 먼저인 것이다.

뭔가 강렬한 염원의 파장을 느낀 예수님께서는 걸음을 멈추시고, "그를 불러오너라"라고 하셨다. 곧바로 그에게 말씀이 전달되었다.

"용기를 내어 일어나게. 예수님께서 당신을 부르시네"(마르 10,49).

얼마나 듣고 싶었던 말인가. 그는 흥분한 나머지 겉옷을 벗어 던지고 벌떡 일어나 예수님께 갔다. 서둘러 일어서느라고 겉옷을 챙길 겨를이 없었던 것이다.

바르티매오의 행색을 본 예수님께서는 첫눈에 그가 무엇을 원하는지 파악하셨다. 그럼에도 예수님께서는 일부러 물으신다.

"내가 너에게 무엇을 해 주기를 바라느냐?"(마르 10,51)

이어지는 복음 말씀은 "그 눈먼 이가 '스승님, 제가 다시 볼 수 있게 해 주십시오.' 하였다"(마르 10,51)라고 기록한다. '그 눈먼 이'라는 표현을 통해서 예수님께서는 이미 이 대답을 예상하셨음이 암시되어 있다.

예수님께서는 아시면서도 물으셨다. 예수님께서는 그의 내면에 있던 바람을 그가 입술로 발음해주기를 원하셨던 것이다. 예수님께서는 기적을 행하시기 전에 흔히 이와 같은 유도적 질문을 하셨다(마르 6,38; 9,21 참조). 이는 청원자에게 용기를 주어 신앙 고백을 시키신 것이다. 이리하여 바르티매오는 자신의 소청을 밝혔을 뿐 아니라, 예수님께서 그 소청을 이뤄주실 수 있는 분이라는 믿음을 드러낸 셈이다.

이렇게 믿음을 확인하신 연후, 예수님께서는 치유의 선언을 하신다.

"가거라. 네 믿음이 너를 구원하였다"(마르 10,52).

바르티매오가 즉시 보게 되었음은 물론이다. 나아가 그는 예수님을 따라 길을 나서기까지 하였다.

바르티매오는 비록 길거리의 걸인이었으나 '감사의 사람'이었다. 볼 수 있게 되었을 때 그는 예수님을 좇았다. 그의 요구가 응답되었을 때 그는 이기적인 자신의 길을 걷지 않았다. 요구에서 시작하여 감사로 발전하였으며 충성으로 끝을 맺었던 것이다.

길거리에서 소란스럽게 외치면서 자신을 만류하던 이들을 아랑곳하지 않던 그의 막무가내 기도는 가히 찬미가 반열이 아닐까.

들어주실 때까지 '아멘'입니다.

응답이 올 때까지 '할렐루야'입니다.

이러거나 저러거나 제 기도는 미리부터 '감사'입니다.

'가거라' 하시니 즉시 눈이 뜨입니다.

'가거라' 하시니 제 발걸음 절로 당신 뒤를 좇습니다.

'가거라' 하시니 시시때때로 제 입술은 당신 업적을 떠벌립니다.

아멘!

자캐오 / 용서받은 부역자

부역자(附逆者)   20세기 하반기를 풍미한 가톨릭 대표 문인 구상 시인은 그의 시 「나자렛 예수」에서 '부역자(附逆者)'란 토착화된 용어를 등장시켰다.

"나자렛 예수! / 당신은 과연 어떤 분인가?

마구간 구유에서 태어나 / 강도들과 함께 십자가에 못 박혀 죽은 / 기구망측한 운명의 소유자

집도 절도 없이 떠돌아다니며 / 상놈들과 창녀들과 부역자들과 / 원수로 여기는 딴 고장치들과 / 어울리며 먹고 마시기를 즐긴 당신 [⋯]"

상놈, 창녀, 부역자, 딴 고장치 등 당대 최고의 시인답게, 구사한 언어들이 토속적이다. 어림잡건대, 상놈은 성경의 '죄인'을, 부

역자는 '세리'를, 딴 고장치는 '사마리아인'을 우리말스럽게 번역한 것일 성싶다. 용어 선택에 반영된 성경 이해의 깊이에 경탄을 금치 못할 노릇이다.

여기서 '세리'를 부역자로 바꿔 표기한 것만 해도 적절함을 넘어 적확에 근접한 발상이라 할 수 있다. 세리가 누구인가? 예수님 당시 세리는 이교도 제국 로마의 재정 유지를 위해 자국민들에게 세금을 받아내도록 위임받은 청부업자들이었기 때문에 이방인 취급을 받던 이들이었다. 그뿐 아니라 이교도 제국의 부당한 억압과 통치 구조를 유지해주는 역할도 했기에 미움을 받았다. 더구나 그런 지배 구조 속에서 법을 속여가며 부당한 징세로 부를 축적하여 더욱 멸시받던 사람들이었다. 그러기에 세리는 말뜻 그대로 부역자, 곧 '반역행위에 협조한 이들'이라 불러 마땅한 것이다.

특히 율법 학자와 바리사이들의 눈에 세리는 용서받을 수 없는 죄인, 그리하여 상종하지 말아야 할 족속들이었다. 그로 인해 세리 자신들의 자존감은 땅에 떨어져 있었다.

이 사실은 예수님께서 들려주신 '바리사이와 세리'의 비유 말씀에서도 잘 드러난다.

"그러나 세리는 멀찍이 서서 하늘을 향하여 눈을 들 엄두도 내지 못하고 가슴을 치며 말하였다. '오, 하느님! 이 죄인을 불쌍히

여겨 주십시오.' 내가 너희에게 말한다. 그 바리사이가 아니라 이 세리가 의롭게 되어 집으로 돌아갔다"(루카 18,13-14).

"멀찍이"는 신앙심이 있는 이방인들을 배려해서 성전 측면에 마련된 '이방인들의 뜨락'을 연상시킨다. 세리들 혈통은 유다인이었지만 스스로 이방인이라는 자의식을 지니고 있었던 것이다.

예수님께서는 이들 세리 및 죄인들과 함께 어울리면서 먹고 마시기를 즐기셨다(마태 11,19; 마르 2,16 참조). 이 파격적 행보가 율법 학자와 바리사이들의 미움을 사 급기야 예수님께서 십자가 처형을 받는 빌미가 되었음은, 주목할 일이다.

보상받은 자캐오의 돌출 행동

세리에 대한 저만큼의 이해를 전제로 할 때, 비로소 세관장 자캐오 이야기가 극적으로 공감된다. 자캐오는 예리코에 살던 세관장으로서 부자였다(루카 19,2 참조). 그는 '요근래' 예수님이 몰고 온 센세이션을 진즉 풍문으로 들어 알고 있었다. 특히 세리들과 격의 없이 어울리고, 그들에 대한 하느님의 용서를 거침없이 설파하고 있음도 반갑게 여기고 있던 터였다.

그런데 그 예수님께서 동네 거리를 지나가고 계시다는 따끈따끈한 소식이 들려왔다. 곧바로 궁금증이 발동했다.

"과연 듣던 대로 그럴까?"

그의 풍모와 시선만 바라봐도 얼른 감 잡을 것 같았다.

자캐오는 거리로 나가 군중을 헤치고 접근을 시도해봤지만 녹록지 않았다. 누구도 틈을 내주지 않았을뿐더러 그의 키가 워낙에 작아서 예수님의 머리카락도 볼 수가 없는 지경이었다. 순간 좋은 생각이 났다. 그는 내처 앞질러 갔다. 적당한 거리에 이르자 그는 돌무화과나무 위에 올라갔다.

얼마나 우스꽝스러운 행태인가. 하지만 이는 그에게 인식조차 되지 않았다. 꼭 확인하고 싶던 물음이 있었던 까닭이다.

"예수님께선 나 같은 사람도 사랑하실까? 부역자들의 반장이라는 완장을 차고 있는 나, 게다가 키까지 짜리몽땅한 나, 이런 나도 하느님의 총애를 받는 자녀로 거듭날 수 있을까? 촉이 예민한 나인지라 예수님의 눈빛만 봐도 알 수 있을 거야!"

이 일념으로 자캐오는 돌무화과나무를 꼭 붙잡고 예수님께서 앞을 지나가시기를 기다리고 있었다. 이 돌출 행동이 예수님의 시야에 들어왔다. 자캐오 내면에 가득했던 물음은 고스란히 예수님의 안테나에 수신되었다.

예수님께선 지체 없이 답을 주셨다.

"자캐오야, 얼른 내려오너라. 오늘은 내가 네 집에 머물러야 하겠다"(루카 19,5).

이 말씀에 자캐오는 나무에서 떨어질 뻔했다. "뭐라고? 우리 집에? 여태 죄인의 집이라고 누구도 방문을 꺼리던 우리 집에? 그렇다면, 나 비록 세관장이란 직업으로 밥을 먹고 살지만, 저분 눈에는 '부정 타지 않은' 하느님 자녀란 말인데…. 나 같은 사람도 사랑받을 자격이 있다는 얘긴데…."

자캐오는 재빨리 내려와 예수님을 기쁘게 맞아들였다.

완전한 치유

이야기는 거기서 끝나지 않았다. 자캐오는 흥분을 가라앉히지 못한 채 허둥거렸다. 그리고 나중에 후회가 될 법한 결심을 선언하였다.

"보십시오, 주님! 제 재산의 반을 가난한 이들에게 주겠습니다. 그리고 제가 다른 사람 것을 횡령하였다면 네 곱절로 갚겠습니다"(루카 19,8).

이 말은 곱씹어볼 가치가 있다. 얼마나 은혜가 벅찼으면 재산의 절반을 뚝 잘라 희사한다고 했을까. 그것도 즉흥적으로! 이는 '직업 콤플렉스'가 생애 내내 얼마나 큰 중압으로 그 자신을 괴롭혀 왔는지를 짐작할 수 있게 해주는 대목이다.

요컨대, 방금의 예수님 말씀으로 인해 자캐오의 고질적 직업 콤플렉스는 치유된 셈이다. 이제 하나가 더 남았다. 바로 '혈통 콤플렉스'! 앞서 언급했다시피 그는 키가 무척 작았다. 유다인들은 신체적 장애나 약점의 원인을 조상들의 죄에서 찾았다. 이런 맥락에서 자캐오는 자신의 혈통을 탓했음직하다. "나는 혈통이 안 좋아. 그래서 내가 이렇게 키가 작은 거야." 이런 식으로.

버릇처럼 이런 상념에 잠기려는 순간, 예수님의 권위 있는 선언이 온몸으로 들려왔다.

"오늘 이 집에 구원이 내렸다. 이 사람도 아브라함의 자손이기 때문이다"(루카 19,9).

아브라함의 자손? 축복의 후예? 우리 집안이? 내가? ….

완전한 치유였다. 자캐오는 찰나적으로 감사의 기도를 올렸다. 그 소리 하늘 나라에 고스란히 박제되어 두고두고 이렇게 읽히지 않을까.

⌃

잠깐.

잠시 숨 좀 돌리고요.

얼차려 주신 말씀 되새겨보고요.

그러니까,

그 말씀이

"너는 내 사랑둥이다",

"너는 복되다",

이 선언이신 거죠?

그거 맞죠?

그렇다면,
저 자캐오, 사람들에게 으스대도 되죠?
"여보시오, 예수님이 우리 집을 찾아주셨소",
"이봐요, 예수님이 나더러 축복의 후예라 하셨소."
이렇게 동네방네
나발 불어도 되죠?

그러면 됐습니다.
지금 죽어도 여한이 없습니다.
허나
은혜는 갚아야 하겠죠?
거저 받은 축복은 두루두루 나눠야 하겠죠?
줄줄 흘러내리는 눈물마다
할렐루야, 아멘입니다.

≫

우도 /낙원을 훔친 자

기쁜 소식이다! 신약 시대 인물들의 기도를 용광로처
럼 달군 것은 복음체험이었다. 그렇다
면, 과연 무엇이 복음인가? 예수님께서 의도하신 복음의 핵심을
굴절 없이 알아들을 필요를 새삼 느낀다.

예수님께서는 '복음선포'로써 당신 공생활을 시작하셨다.
"때가 차서 하느님의 나라가 가까이 왔다. 회개하고 복음을 믿
어라"(마르 1,15).
여기서 '복음'의 골자는 죄의 용서다. '하느님의 나라'는 다름이
아니라 이 죄의 용서가 실현된 나라다. 이런 까닭에 예수님께서는
명백하게 선언하셨다.

"나는 의인이 아니라 죄인을 부르러 왔다"(마르 2,17).

이 말씀은 평범하게 들리지만 실상은 엄청난 파격을 함축하고 있다. 구약성경에서 구원의 기준은 누가 뭐래도 상선벌악이다. "착하게 살면 상 받아 천국을 누리게 되고 악하게 살면 벌 받아 지옥행이 된다"는 이 정식(定式)은 요지부동 지엄한 법칙이었다. 그러기에 누구고 구원을 받으려면 선의 지침인 율법을 충실히 지켜 '의인'으로 인정받아야 했다. 그런데 예수님께서 이 "의인 천당, 죄인 지옥!"의 불변 정식을 뒤엎는 듯한 도발적 발언을 하신 것이다. 당연히 이는 유다 지도자들의 입장에서는 '큰일 날 소리'였을 터였고, '죄인'들의 입장에서는 허황되게 '뜬구름 잡는' 주장으로 들렸을 터였다.

이쯤에서 물음이 하나 제기될 수밖에 없다.
"구약 시대에도 '죄'를 벗기 위한 회개와 속죄의 제사라는 것이 엄연히 있었는데, 대관절 어떤 사람을 '죄인'으로 낙인찍어 구제불능의 사람으로 치부했는가?"
이에 대해 올바로 답변하려면, 먼저 율법 준수와 관련된 전통의 형성 과정을 밝혀둘 필요가 있다. 본디 율법은 십계명이었다. 그 외곽에 여러 규정과 법규가 추가되었다. 그 실행 과정에서 세부조항들이 늘어나기 시작하더니 급기야 예수님 시대에 이르러서는 613개 조항에 달했다. 이를 관장할 권한은 전적으로 율법 학자(및 바리사이)에게 맡겨져 있었다. 이들은 율법의 적용, 해석 그리고 교육에 대해 불가침의 권위를 행사하고 있었다. 그런데 여기 이 613개의 율법조항! 이들이 그물망처럼 촘촘히 엮여 범부의 일상에 옥죄어 적용되면 '죄인' 선고에서 빠져나갈 사람이 거의 없을 것임은 충분히 짐작되고도 남는다.

그랬다. 기득권적 신분과 생활 여건상 율법을 지키는 데 유리했던 율법 학자들과 바리사이들은 자신들을 '의인'으로 자처하고, 그 밖의 사람들은 '죄인' 취급하기 일쑤였다.

이런 배경에서 예수님의 복음선포는 풀어 말하면 이런 의미였다.

"복음입니다! 이제 하느님께서는 죄인들의 죄를 무조건 용서해 주기로 작정하셨습니다. 그러기에 율법에서 탈락한 사람들도 회개하고 복음을 믿으면 죄를 용서받고 새 삶을 시작할 수 있습니다."

요한복음에서는 이 복음이 이렇게 요약된다.

"하느님께서는 세상을 너무나 사랑하신 나머지 외아들을 내 주시어, 그를 믿는 사람은 누구나 멸망하지 않고 영원한 생명을 얻게 하셨다"(요한 3,16).

죄를 용서하는 전권이 '외아들' 예수님께 위임된 사실을 수긍하고 믿기만 하면, 서로 별개의 것으로 느껴지는 앞의 두 문장은 사실상 똑같은 내용의 말씀이 된다.

훗날 사도 바오로는 더 실제적인 문장으로 복음의 진수를 밝힌다. "모든 사람이 죄를 지어 하느님의 영광을 잃었습니다. 그러나 그리스도 예수님 안에서 이루어진 속량을 통하여 그분의 은총으로 거저 의롭게 됩니다. [⋯] 무슨 법으로 그리되었습니까? 행위의 법입니까? 아닙니다. 믿음의 법입니다. 사실 사람은 율법에 따른 행위와 상관없이 믿음으로 의롭게 된다고 우리는 확신합니다"(로마 3,23-24.27-28).

율법이 아니라 하느님의 은총으로, 행위가 아니라 믿음으로 용서받고 구원받는 길이 열렸다는데, 이 기쁜 소식에 견줄 만한 희소식이 세상에 또 있을까. 없다!

편애받은 사람들

앞에서 언급했듯 예수님께서는 '의인이 아니라 죄인을 위하여' 오셨음을 천명하셨다. 그러기에 예수님 복음선포의 첫 수신자는 율법 전통에 의해 이미 살아서 지옥행으로 사형선고를 받은 끝장난 인생들이었다. 이들이 예수님 편애의 0순위 대상이었다.

그 대표격인 사람들이 바로 '땅의 백성(암 하아레츠: 구약의 용어)', 또는 '군중(오클로스: 신약의 용어)'이었다. 이들은 사회적으로 멸시받는 밑바닥 인생들이었다. 이들에 대한 예수님의 노골적인 편애를 우리는 "주님의 영이 나에게 내리시어 가난한 이들에게 기쁜 소식을 선포하게 하셨다"(루카 4,18 참조)는 말씀과 "저 사람은 즐겨 먹고 마시며 (창녀와) 세리와 죄인하고만 어울리는구나"(마태 11,19; 마르 2,16 참조)라는 말씀에서 확인한다.

예수님께서는 이들에게 우선적으로 복음을 선포하시며 그들을 끼고도셨다. 이러한 일방적 옹호는 율법 학자 및 바리사이들의 날선 비판을 초래했다. 그 결과 "독한 앙심을 품고 많은 질문으로 그분(예수님)을 몰아대기 시작하였"(루카 11,53)던 것이다.

강도가 낙원을 훔쳤구나

복음의 결정적 핵심은 '공짜' 용서다. 이는, '눈에는 눈, 이에는 이' 방식으로 에누리 없이 율법을 적용하던 전통의 관점에서 봤을 때, 하느님의 파격적인 자비의 조치였다. 예수님의 공생활은 이를 입증하는 과정이었다. 마침내 예수님께서는 십자가 죽음과 부활로써 이 용서를 완성하셨다. 그 절정에 우도가 맞은 은총의 벼락이 있다. "예수님, 선생님의 나라에 들어가실 때 저를 기억해 주십시오"(루카 23,42)라는 간청 한마디에, 예수님께서는 엄청난 선언을 하셨다.

"너는 오늘 나와 함께 낙원에 있을 것이다"(루카 23,43).

그는 살인강도였다. 스스로 구원을 이룰 수 없는, 큰 죄인이었다. 그랬는데, 자신을 기억해달라는 그의 청원에는 "당신은 메시아입니다"라는 고백이 내포되어 있었다. 그 한마디에 예수님께서는 그를 즉각 구원하셨다. 이것이 복음의 진수다. 강도는 외마디 소청으로 복음 대박을 터트린 셈이었다. 이것이 얼마나 큰 횡재였으면 '황금 입' 요한 크리소스토모는 이렇게 탄복했을까. "드디어 이 강도가 낙원을 훔쳤구나!"

바로 그 순간, 십자가상에서 숨을 고르며 얼떨결에 바친 강도의 감사 기도는 짧고 떨렸으리라.

낙원?
평생 강도짓을 일삼은 이 파렴치한 죄인에게 낙원요?
어떤 책벌도 마땅할 판인데, 이 어인 은총의 벼락인가요.
'낙원'!
"주여 왜 나를 버리시나이까" 하는 당신 절규가 순수 희망
의 외침으로 들리더니,
이젠 환청처럼 들려오는 소리 '낙원'!
겨자씨만 한 믿음에, 천부당만부당한 횡재로군요.
낙원에 든다?!
"저를 기억해주십시오" 외마디 소원에, 돌아온 약속 말씀
"함께 낙원에 든다"?!
찰나의 교감으로, 졸지에 낙원 영주권을 얻었네요.

낙원, 절대로 훔쳐질 수 없는 것을 훔쳤네.
낙원을 훔친 자, 천생 강도였던 내게 새 이름이 생겼네.
낙원의 증거자, 역사 이래 가장 큰 강도, 대도(大盜)로서
나 천국에서 복음의 기쁨을 길이 증거하리라.

백인대장 / '한 말씀'의 믿음

둘   백인대장은 말 그대로 '100인의 대장'을 가리킨다. 로마 군단에 속하는 장교로서 오늘 우리식으로 치면 그 휘하에 소대, 분대를 거느리는 중대장급쯤으로 볼 수 있겠다. 복음서에는 예수님과 각별한 인연을 맺었던 인물로 두 명의 백인대장이 등장한다.

  그중 한 명은 마르코복음 끝자락에 등장하는 백인대장이다. 그는 마르코복음 전체 구성에서 매우 중요한 역할을 한다. 마르코복음이 예수님의 정체성에 대하여 '도대체 이분이 누구시기에'라는 물음에서 출발하여, 뒤로 갈수록 '메시아 곧 그리스도이심'이 공개적으로 고백되는 구조로 기술되어 있다는 것은 두루 알려진 상식에 속한다.

그런데 그 대미를 장식하는 것이 백인대장의 고백이다. 크게 봤을 때, 아주 초기에 악령들이 먼저 예수님이 그리스도이심을 알아보고 떠들어대다가 '함구'령으로 제지당한다. 복음서는 예수님의 의중을 따라 그렇게 쉬쉬하다가 정확히 중간을 지나면서 베드로가 "당신은 그리스도이십니다"(마르 8,29 참조)라고 고백하도록 반짝 허락하더니, 이윽고 예수님의 십자가 처형 현장에 있던 한 백인대장의 입술에서 결론적인 선언이 이루어지는 것으로 기록한다.

"예수님을 마주 보고 서 있던 백인대장이 그분께서 그렇게 숨을 거두시는 것을 보고, '참으로 이 사람은 하느님의 아드님이셨다.' 하고 말하였다"(마르 15,39).

이렇게 예수님의 정체를 끝까지 신비로 가려놓다가 마지막에 가서야 이방인 백인대장의 입술에서 메시아 고백이 이루어졌음을 극적으로 부각시킨 마르코복음의 저의는 무엇일까? 한마디로, 이 것 아닐까.

"이방인, 더구나 사형 집행자 '백인대장'이 예수님을 '그리스도' 라고 고백했으니, 세상 어느 '아둔한 자'가 도무지 이를 의심하거나 부정할 수 있으랴!"

극적인 효과는 이에 미치지 못하지만, 또 한 명의 백인대장 역시 저런 취지에 상응하는 조연의 역할을 아름답게 수행한다. 바로 예수님께서 자신의 종을 죽을병에서 치유하시도록 특출난 믿음을 발휘한, 카파르나움 지역의 백인대장 이야기다.

경탄하시다 아직 갈릴래아 호수 주변 동네를 돌며 활동하시던 시절. 예수님께서 군중에게 가르침을 주신 직후, 카파르나움에 들어가신다. 그때 한 백인대장이 다가와 예수님께 이렇게 말하며 도움을 청한다.

"주님, 제 종이 중풍으로 집에 드러누워 있는데 몹시 괴로워하고 있습니다"(마태 8,6).

카파르나움이라면 베드로의 장모가 살고 있는 마을로서 일찍이 예수님께서 그녀가 열병에서 벌떡 일어나도록 기적을 베푸셨던 곳. 백인대장은 이미 이 소문을 들었던 것일까. 그 이후 치유의 기적은 거의 매일의 일정이다시피 했을 터이니, 그가 예수님을 대뜸 "주님"이라고 부르고 들어온 것도 무리는 아니었을 성싶다.

예수님 입장에서 봤을 때, 지금 당신 앞에 서 있는 이 사람은 이방인 백인대장이다. 동족인 유다인들 중에서도 예루살렘에서 수시로 파견된 '프락치' 감시관이 잠복하여 그를 '군중 선동가'로 고발할 빌미를 찾고 있던 판인데, 이 로마군단 장교의 순수성을 어떻게 믿어야 할까. 루카복음은 이 상황에서 백인대장의 말을 도우면서 신원보증 역할을 했던 이들이 유다인 원로들이었다고 기록한다. 그들은 예수님께 이렇게 말한다.

"그는 선생님께서 이 일을 해 주실 만한 사람입니다. 그는 우리 민족을 사랑할 뿐만 아니라 우리에게 회당도 지어 주었습니다"(루카 7,4-5).

이에 예수님께서 흔쾌히 "내가 가서 그를 고쳐 주마" 하시자, 백인대장이 의외의 청원을 한다.

"주님, 저는 주님을 제 지붕 아래로 모실 자격이 없습니다. 그저 한 말씀만 해 주십시오. 그러면 제 종이 나을 것입니다. 사실 저는 상관 밑에 있는 사람입니다만 제 밑으로도 군사들이 있어서, 이 사람에게 가라 하면 가고 저 사람에게 오라 하면 옵니다. 또 제 노예더러 이것을 하라 하면 합니다"(마태 8,8-9).

논리도 명쾌하거니와 믿음도 보통 믿음이 아니다.

"그저 한 말씀만 해 주십시오. 그러면 제 종이 나을 것입니다."

예수님께서는 감탄을 금치 못하신 나머지, 제자들에게 이르신다.

"내가 진실로 너희에게 말한다. 나는 이스라엘의 그 누구에게서도 이런 믿음을 본 일이 없다"(마태 8,10).

뜸 들일 이유가 없다. 예수님께서는 화통하게 선언하신다.

"가거라. 네가 믿은 대로 될 것이다"(마태 8,13).

결론적으로 복음서는 "바로 그 시간에 종이 나았다"라고 기술한다.

안수냐 말씀이냐

예수님께서는 백인대장의 청원대로 그 저 '한 말씀'만 하셨다.

"가거라. 네가 믿은 대로 될 것이다"(마태 8,13).

놀랍게도 바로 그 시간에 종이 나았다.

이 이야기는 우리에게 엄청난 응원이며 깨달음이다. 그 감동이 얼마나 컸으면, 교회가 저 백인대장의 신앙고백을 거의 그대로 영성체 직전 신자들의 공식적인 고백문으로 미사경본에 각인해 놨을까.

"주님, 제 안에 주님을 모시기에 합당치 않사오나 한 말씀만 하소서. 제가 곧 나으리이다."

안타까운 것은, 그럼에도 오늘 우리 교회에는 '한 말씀'의 은총에 대한 믿음이 여전히 부족하다는 사실이다. 섣부른 단정인지 모르겠으나, 많은 신자가 '한 말씀'보다 이른바 '안수'를 더 선호하고 있다는 인상을 지울 수 없기 때문이다.

예수님께서 치유 기적을 행하실 때 때때로 '안수'를 하셨던 것이 사실이다. 이는 믿음이 부족한 이들을 위한 일종의 의식행위였다. 눈먼 이라든가 귀먹고 말 더듬는 이와 같은 특수 상황에서는 외적으로 '비상한' 의식행위를 일부러 행하셨다. 태내에서부터 존재하던 좌절이나 고집에 상응하는, 신령한 '그 무엇'이 당사자의 약한 믿음에는 필요했던 것이다.

하지만 이는 어디까지나 믿음이 부족한 이들을 위한 배려 차원의 의식에 지나지 않았다. 상대방의 믿음이 충분하다 싶을 때는, 말씀 한 마디로 족했다. 창조 자체를 '한 말씀'으로 하셨는데, 무엇이 그보다 더 큰 능력을 발휘하겠는가.

백인대장이 청한 '한 말씀'은 오늘도 도처에서 올려지는 우리들의 아우성이다.

☖

한 말씀만 하소서.
제 종이 나으리이다.

에파타, 열려라(마르 7,34)! 한 말씀만 하소서.
제 눈이 열리리이다.
탈리타 쿰, 소녀야 일어나라(마르 5,41)! 한 말씀만 하소서.
제가 일어나리이다.
엘데, 오너라(마태 14,29)! 한 말씀만 하소서.
제가 베드로처럼 물 위를 걸으리이다.

Come out, 이리 나와라(요한 11,43)! 한 말씀만 하소서.
라자로처럼, 제가 죽음을 떨치고 살아나리이다.

Be still, 잠잠해져라(마르 4,39)! 한 말씀만 하소서.
제 맘속 두려움의 격랑 고요해지리이다.
Be blessed, 복되어라(마태 5,3)! 한 말씀만 하소서.
제가 여덟 가지 행복 고루 누리리이다.

나를 따라오너라(마태 4,19)! 한 말씀만 하소서.
제가 즉시 따르리이다.

마침내!
한 말씀만 하소서.
당신 종이 들으리이다.
아멘!

≫

별두리 별곡

니코데모
마리아 막달레나
필리포스

니코데모 / '익명의 그리스도인' 1호

명망가 권력 실세   니코데모는 바리사이인 동시에 산
헤드린 회원이었다.

그가 바리사이였다는 사실은 독립유공자의 후손으로서 선민 중
의 선민이란 자의식을 지니고 있었다는 얘기가 된다. 바리사이의
역사는 유다 마카베오 전쟁 때로 거슬러 올라간다. 시리아의 안티
오쿠스 에피파네스가 우상숭배를 강요하고 율법을 말살시키려 했
던 당시, 율법을 사수하려고 불같이 일어난 사람들이 바로 바리사
이였다. 그들의 본래 취지는 좋았다. 그들만큼 열심한 이들이 없
었다. 문제는 이후 그들이 종교적 기득권 세력으로 군림하면서 거
드름을 피우고, 점점 지나치게 형식주의로 기울어갔다는 점이다.

또한 니코데모가 산헤드린 회원이었다는 사실은 그가 정치적으로도 권력층에 속한 실세였음을 의미한다. 산헤드린은 그리스 도시들의 의회를 모델로 삼아 구성된 일종의 '최고 의회'다. 산헤드린은 사제들, 원로들, 율법 학자들을 대표하여 70인이 선정되고 여기에 의장격인 '대사제'가 추가되어 총 71인으로 구성된다. 이때는 권력 분립이 안 되었기에 국회 입법 기능과 사법 기능을 동시에 관장하였다. 이들이 훗날 예수님의 재판에 깊이 관여한 것은 바로 이런 까닭에서였다.

짐작건대 니코데모는 율법 학자 몫으로 최고 의회 회원이 된 것으로 보인다. 그렇다면, 그는 바리사이에 율법 학자에 최고 의회 회원이라는 3중 특권을 누렸다는 얘기가 된다.

비밀 방문 문답

세도가 니코데모는 도대체 무엇이 아쉬웠던 것일까. 그는 어느 밤을 틈타 예수님을 몰래 찾아간다. 그는 스스로를 낮춰 예수님을 '스승님'이라 부르며 이렇게 말을 건넨다.

"스승님, 저희는 스승님이 하느님에게서 오신 스승이심을 알고 있습니다. 하느님께서 함께 계시지 않으면, 당신께서 일으키시는 그러한 표징들을 아무도 일으킬 수 없기 때문입니다"(요한 3,2).

이 말은 공생활 초기 예수님께서 범상치 않은 말씀의 권위와 기적들로 유다인 지도층 사이에서도 어떤 돌풍을 몰고 왔는지 충분히 짐작게 해준다.

예수님께서는 니코데모가 뭔가 한 수 배우고 싶어 한다는 것을 알아채시고, 생판 낯선 가르침을 주신다.

"누구든지 위로부터 태어나지 않으면 하느님의 나라를 볼 수 없다"(요한 3,3).

위로부터 태어난다? 아리송해 하는 니코데모에게 예수님께서는 부연설명을 해주신다.

"누구든지 물과 성령으로 태어나지 않으면, 하느님 나라에 들어갈 수 없다. 육에서 태어난 것은 육이고 영에서 태어난 것은 영이다"(요한 3,5-6).

갈수록 태산, 점입가경이다. 그리스도교 시대에 비로소 꼴을 갖춘 '세례'를 가리키는 이 말을 니코데모가 이해했을 리 만무하다. 답답할 땐 물음이 상책이다.

"그런 일이 어떻게 이루어질 수 있습니까?"(요한 3,9)

"너는 이스라엘의 스승이면서 그런 것도 모르느냐?"(요한 3,10)

예수님께서는 니코데모의 물음에 대한 답변에 편승하여, 내친김에 그의 동료 바리사이와 율법 학자들에게 '쓴소리'를 던지신다.

"당신은 그중 깨어 있는 선각자이니 가서 동료들에게 똑똑히 전하시오"라는 식으로 말이다. 그들이 기득권을 옹호하려는 본능에서 예수님의 가르침을 삐딱하게 생각하고 있었기 때문이다.

이어 니코데모에게 저 유명한 구원진리를 설파하신다.

"하느님께서는 세상을 너무나 사랑하신 나머지 외아들을 내 주시어, 그를 믿는 사람은 누구나 멸망하지 않고 영원한 생명을 얻게 하셨다"(요한 3,16).

이 말씀과 관련해서도 예수님의 촉은 걸핏하면 '시비'와 '딴지'를 걸어왔던 바리사이와 율법 학자를 향하고 있다. 그러기에 말씀의 뒤끝이 결코 곱지 않다.

"아들을 믿는 사람은 심판을 받지 않는다. 그러나 믿지 않는 자는 이미 심판을 받았다. 하느님의 외아들의 이름을 믿지 않았기 때문이다. 그 심판은 이러하다. 빛이 이 세상에 왔지만, 사람들은 빛보다 어둠을 더 사랑하였다"(요한 3,18-19).

심판?! 어둠?! 이 말씀의 칼끝이 주로 바리사이와 율법 학자를 겨냥하고 있음을 느꼈을 때, 예수님께 호의적이었던 니코데모라고 기분이 멀쩡했을까. 하지만 곱씹을수록 백번 지당한 말씀이었다. 그는 예수님의 복음선포에 대하여 자신들이 얼마나 완악했는지를 뼈아프게 시인하고 있었던 것이다.

예수님을 두둔하다

니코데모는 마음속으로 이미 예수님의 제자였다. 하지만 그는 이를 누구에게도 밝힐 수 없었다.

그러나 니코데모는 결정적일 때에 용기를 발휘하여 예수님을 두둔하였다. 예루살렘 장안을 떠들썩하게 했던 성전 정화 사건의 여파로 수석 사제들과 바리사이들의 예수님에 대한 적개심은 극에 달했다. 급기야 그들은 예수님을 처형하고자 성전 경비병들에게 체포해 올 것을 명한다. 얼마 후 맨손으로 돌아온 그들이 변명으로 한다는 말이 "그분처럼 말하는 사람은 지금까지 하나도 없었습니다"(요한 7,46)였다. 저들은 발끈하지 않을 수 없었다.

"너희도 속은 것이 아니냐? 최고 의회 의원들이나 바리사이들 가운데에서 누가 그를 믿더냐? 율법을 모르는 저 군중은 저주받은 자들이다"(요한 7,47-49).

상황이 이쯤에 이르자, 니코데모가 동료들을 향하여 예수님을 두둔하고 나선다.

"우리 율법에는 먼저 본인의 말을 들어 보고 또 그가 하는 일을 알아보고 난 뒤에야, 그 사람을 심판하게 되어 있지 않습니까?"(요한 7,51)

소신발언이었다. 돌아온 것은 거센 역풍이었다. "당신도 갈릴래아 출신이라는 말이오? 성경을 연구해 보시오. 갈릴래아에서는 예언자가 나지 않소"(요한 7,52).

니코데모에 대한 성경의 마지막 진술은, 그가 예수님의 십자가 처형 직후, 손수 침향을 섞은 몰약을 백 근쯤 가져가 아리마태아 사람 요셉과 함께 예수님의 시신을 무덤에 안치한 사실을 전한다(요한 19,39-40 참조). 이후 동료들 사이에서 그가 어떤 질시를 받았을지는 아무도 모른다.

하지만 그는 어느 순간 자신이 믿는 유일신 야훼 하느님께 이렇게 기도 올리지 않았을까.

⌃

야훼 하느님,
그는 누구입니까?
감히 여쭙습니다.
나자렛 예수, 그는 누구입니까?

들자하니 물을 포도주로 변하게 하는(요한 2,9 참조) 등 갖은
표징들을 행한다 하고,
말씀에는 누구고 혼쭐내는(요한 2,16 참조) 권위가 있다 하고,
스스로 당신의 '외아들'이요 '빛'(요한 8,21)이라 주장하는,
저 갈릴래아 사람,
그는 정녕 누구입니까?

저항할 수 없는 호감에 이끌려, 아무도 몰래, 그를 찾아가
만났습니다.
잠깐의 대화로, 케케묵은 무지의 구름이 걷히고, 투명한
하늘이 보였습니다.

청컨대, 부디
"내 편에 서지 않는 자는 나를 반대하는 사람이다"(루카
11,23 참조)의 잣대 대신에
"나를 반대하지 않는 자는 나를 지지하는 자다"(마르 9,40 참조)
의 잣대로
저를 심판하여주소서.

야훼 하느님,
이 용기 없는 위선자를 용서하소서.
그를 메시아로 믿어도 감히 고백하지 못하고,
그의 제자가 되고 싶어도 선뜻 따라나서지 못하고,
반대자·적대자들 눈치만 살펴왔던 저.
비겁하게 숨어서 그를 응원하는 저 니코데모에게 자비를
베푸소서.
저를 1호 '익명의 그리스도인'이라 불러주소서. 아멘!

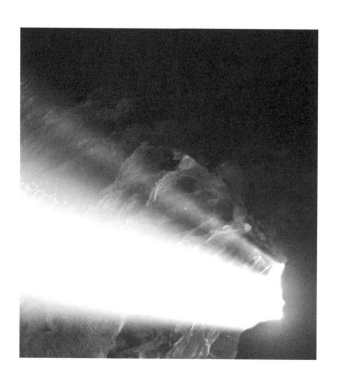

마리아 막달레나 /열세 번째 제자

명예훼손에서 풀리다　　　마리아 막달레나는 초기 교회 시절부터 오래도록 명예훼손에 시달려온 희생양이었다. 그녀의 이름 뒤에는 늘 '행실이 좋지 못한 여자'라는 평판이 따라다녔다. 하지만 이는 그레고리오 1세 교황이 성경에 등장하는 각기 다른 세 여인을 동일 인물로 간주한 데서 비롯된 오류였다.

즉, 마귀에 들렸다가 예수님 덕에 해방된 '마리아 막달레나'(루카 8,2 참조), 라자로와 마르타의 동생으로서 순 나르드 향유를 예수님 발에 붓고 머리카락으로 닦아드렸던 '베타니아의 마리아'(요한 12,3 참조), 그리고 예수님 발에 옥합 향유를 부은 '죄인인 여자'(루카 7,37 참조), 각기 다른 인물임에도 이들 세 여인을 서로 혼동하는 바람에

'마리아 막달레나'가 피해를 입었던 것이다. 얼핏 보면 그럴 만한 구석이 없지 않다. 마리아 막달레나와 마리아는 이름으로 혼동되고, 마리아와 '죄인인 여자'는 향유 공세로 혼동된다. 이렇게 서로 얽히다 보니 어느새 '마리아 막달레나'는 '죄인인 여자'였다는 오해가 생겼던 것이다.

반갑게도 1969년, 바티칸에서는 현대 성경 연구 결과를 토대로, 마리아 막달레나는 단지 일곱 마귀에서 벗어난 여인일 뿐이라고 천명했다. 교황 그레고리오 1세의 견해가 오류였음을 공식적으로 밝힌 것이다.

제자 서열 13번

예수님께서는 남자로 열두 제자를 뽑아 채우셨다. 그 외곽에 72제자단을 두셨다. 그런데 재미있는 것은, 예수님께서 열두 제자를 데리고 다니실 때 72제자단은 챙기지 못하실 경우에도 꼭 몇몇 여인만은 끼워주셨다는 사실이다.

왜 그러셨을까. 그 답에는 예수님의 고민과 배려가 함축되어 있다. 예수님께서는 이스라엘 12지파를 상징하는 열두 제자 속에 여인들을 끼워주고 싶어 하셨던 듯하다. 하지만 당시 문화와 전통적인 제약 때문에 그러지 못하신 것 같다. 그 시절 여자들은 물건 취급을 당하여 사람 숫자에 포함되지 않기에 아무리 여자를 끼워도

열둘이 채워질 수 없었기 때문이다. 그러기에 예수님께서는 우선 열두 명 숫자는 남자로 채운 다음, 바로 그 외곽에 공동 '서열 13번' 으로 여성들을 제자단으로 모으셨던 것이다.

이는 아주 혁명적인 발상이었다. 여권 신장의 관점에서 봤을 때, '거기까지'가 아니라 '거기서부터'의 의미를 지니는 새로운 발상이었던 것이다.

이 사실을 전하는 본문에서는 예수님의 탁월한 지혜가 두드러지게 읽힌다.

"열두 제자도 그분과 함께 다녔다. 악령과 병에 시달리다 낫게 된 몇몇 여자도 그들과 함께 있었는데, 일곱 마귀가 떨어져 나간 막달레나라고 하는 마리아, 헤로데의 집사 쿠자스의 아내 요안나, 수산나였다. 그리고 다른 여자들도 많이 있었다. 그들은 자기들의 재산으로 예수님의 일행에게 시중을 들었다"(루카 8,1-3).

여기서 예수님께서 주로 "악령과 병에 시달리다 낫게 된" 여인들을 일행으로 삼으셨음이 드러난다.

왜 그러셨을까. 당시 풍토에서 멀쩡한 여자들은 집을 나와 싸돌아다니기가 거의 불가능하다. 잘못하면 풍기문란의 죄로 몰릴 수도 있다. 이에 반해 치유받은 여인들은 뒤탈의 소지가 없다. 옛날에는 한번 고질병에 걸리면 치유가 거의 불가능했다. 그 인생은

끝난 것이었다. 게다가 '일곱 마귀에 걸린 사람'이란 오늘날 우리가 점잖게 이름을 붙여준 것이지, 이런 여인을 일컫는 거친 시쳇말은 얼마나 많은가. 아예 집에서 내놓은 사람이었다는 얘기다. 이들을 예수님께서 고쳐서 데리고 다니셨던 것이다. 바로 불가능을 가능으로 만드는 역발상의 지혜다.

부활의 첫 번째 목격자가 된 까닭

예수님께서 계신 곳에는 반드시 열두 제자가 있었다. 이 열두 제자가 있는 곳에는 반드시 여인들이 있었다. 전술하였듯이, 여인들은 열세 번째 제자였다. 그 여인들의 대표가 마리아 막달레나였다. 그런데 예수님의 십자가 수난 현장에서 이 공식이 허물어졌다. 제자들은 없는데 마리아 막달레나 일행이 꼭 함께했던 것이다.

결국 끝까지 의리를 지킨 이들은 여인들이었다. 여인들의 충정은 무섭다. 안식일 다음 날 꼭두새벽에, 마리아 막달레나 일행은 예수님의 무덤으로 향한다. 갑자기 시체를 수습하는 바람에 향유를 발라드리지 못했던 것이다. 여인 일행은 사실 예수님의 부활을 기대하지 않았다. 단지 장례를 온전히 치러드리려고 간 것이었다. 이 여인들의 정성은 사심이나 권력욕과는 거리가 먼 것이었다. 다 끝장난 판에 무엇을 더 바라겠는가.

그렇다면 무엇이 여인들을 그렇게 움직였을까. 한마디로 감사였다. 몹쓸 질환으로 망친 인생, 팔자를 고쳐주신 예수님이 끝내 고마웠던 것이다. 그리하여 "저분은 나의 은인! 나 목숨 바쳐 따르리라!" 하는 비상한 의리가 발동했던 것이다.

예수님께서는 그 화답으로 마리아 막달레나에게 부활의 첫 번째 목격 증인이 되는 영광을 주셨다. 이 파격적인 조치 때문에 2천 년 역사 속에서 교회도 수난이고 예수님도 수난이다. "둘이서 수상하다. 관계가 수상하다." 이런 수많은 염문설이 혹은 '문학'의 형식으로 혹은 '무신론'의 이름으로 나도는 것이다. 또 하나의 불리한 결과는 당시 여자는 증인으로서의 능력이 없었기 때문에, 아무리 얘기해도 소문만 퍼지지 진실성에 대해서는 사람들이 쉽사리 믿어주지 않았다는 사실이다.

아무튼, 이런저런 문제의 소지들이 있었음에도 부활하신 예수님께서는 마리아 막달레나에게 가장 먼저 나타나셨다(요한 20,16-17 참조). 도대체 왜 그러셨을까? 한마디로, 그것이 그 순간의 정의였기 때문이다.

생각해보라. 만약 우리가 예수님이라면, 꼬박 밤을 새우면서 동트기까지 기다렸던 여인에게 나타날까, 아니면 잠 쿨쿨 자는 베드로 사도에게 나타나서 "일어나, 일어나" 하면서 깨울까. 당연히 깨어 기다리는 사람에게일 터다.

마리아 막달레나는 우리에게 희망을 준다. 우리가 마리아 막달레나처럼 정말 예수님께 눈먼 사랑을 보여드리면, 교황님보다 더먼저 예수님을 만날 수도 있다. 이 시대에도 예수님께서는 항상가장 절박하게 기다리는 사람에게 우선하여 가시는 것이다.

그날 그녀가 바쳤을 감사 기도를 이제 우리가 바쳐야 할 차례다.

⌃

라뿌니,
황망한 상실로 뻥 뚫린 구멍 메울 길 없어
무덤 동산 망연히 거닐고 있을 때,
"마리아야!"(요한 20,16) 하시며 홀연 광채 발현으로
놀래키심에
눈물로 부르는 당신의 이름,
나의 사부님.

라뿌니,
그날 십자가상에서
"주여, 주여, 왜 저를 버리시나이까"(마태 27,46 참조)를
몸부림으로 외치시며

마지막 숨 몰아 내쉬심에,
비통으로 불렀던 당신의 이름,
나의 사부님.

라뿌니,
그 잊을 수 없던 날,
당신의 한마디로 하여
내 일생의 지옥이었던 '일곱 마귀'에게서 풀려나,
영면에서 깨어난 듯 눈을 배시시 뜨고서
낯을 가리며 마주했던 당신의 황홀한 눈빛에,
부끄러움으로 처음 불렀었던 당신의 이름,
나의 사부님.

≫

필리포스 /거침없는 복음선포자

부제(副祭) 필리포스　　　초대교회 시절 이야기다. 열두 사
도의 맹활약으로 신자들의 수효가
점점 늘어났다. 숫자가 많으면 문제가 생기기 마련. 그리스말을
쓰는 유다인들이 '식량 배급' 문제로 본토 유다인들에게 불평을 해
댔다. 그들의 배급 때마다 과부들이 푸대접을 받았기 때문이다.
이에 열두 사도가 신자들을 소집하여 제시한 해법이 바로 일곱 봉
사자의 선출이었다.

"우리가 하느님의 말씀을 제쳐 놓고 식탁 봉사를 하는 것은 바
람직하지 않습니다. 그러니 형제 여러분, 여러분 가운데에서 평판
이 좋고 성령과 지혜가 충만한 사람 일곱을 찾아내십시오. 그들에
게 이 직무를 맡기고, 우리는 기도와 말씀 봉사에만 전념하겠습니

다"(사도 6,2-4).

온 공동체가 동의하였다. 그리하여 일곱 명의 후보자가 사도들 앞에 세워지고, 사도들은 기도와 안수로 그들에게 식탁 봉사자직을 맡겼다. 이것이 오늘의 교회 공식 직함으로 부제(副祭, deacon)직의 기원이다.

이들 일곱 가운데 괄목할 만한 활약을 한 인물로 스테파노와 필리포스가 있다. 이 둘뿐 아니라 일곱 모두는 '성령과 지혜'로 충만하였다. 이들은 말하자면 '공채'로 뽑힌 하느님 일꾼들이었다. 하늘에 계신 열두 사도가 들으면 섭섭해 할 얘기이겠지만, 그들은 오로지 예수님의 안목에 좋게 찍힌 이들로만 구성된 특채 인재들인 셈이다. 하지만 일곱 부제는 치열한 경쟁을 거쳐 공개적으로 뽑혔으니, 세속의 기준에서도 '한 똑똑' 하는 인재들이었을 것임을 쉽게 짐작할 수 있다.

복음선포자로 나서다

과연 그랬다. 사도행전은 필리포스 부제가 얼마나 야물딱지게 복음을 전했는지를 소상히 전해준다. 필리포스의 맹활약은 동료 부제 스테파노의 순교에서 비롯된 것이었다.

알다시피 스테파노는 초대교회 첫 번째 순교자로 기록되고 있다. "모난 돌이 정 맞는다"는 말이 있듯이 그의 비상한 율법 해석은 활동 초기부터 유다 지도자들의 심기를 건드렸다. "그러나 (그들은) 그의 말에서 드러나는 지혜와 성령에 대항할 수가 없었다"(사도 6,10). 결국 유다인들은 그를 모함하여 최고 의회에 넘겼다. '산헤드린'이라 불리는 이 최고 의회! 예수님을 빌라도 총독에게 넘겨 처형케 한 바로 그 무소불위의 공권력이다. 그들 앞에서 스테파노는 전혀 기죽지 않고 그들 자신의 부당함을 구약성경의 논리로 폭로한다.

"목이 뻣뻣하고 마음과 귀에 할례를 받지 못한 사람들이여, 여러분은 줄곧 성령을 거역하고 있습니다. 여러분도 여러분의 조상들과 똑같습니다. 〔…〕 그들은 의로우신 분께서 오시리라고 예고한 이들을 죽였습니다. 그런데 이제 여러분은 그 의로우신 분을 배신하고 죽였습니다"(사도 7,51-52).

이 말에 그들은 화가 치밀어올라 이를 갈다가, 급기야 스테파노를 성 밖으로 몰아내어 돌로 쳐 죽인다.

이 장렬한 순교 직후, 예루살렘 교회는 심한 박해를 받기 시작하였다. 스테파노 사태로 말미암아 '이단사설'로 몰렸기 때문이다. 박해의 주동자는 아직 회개하기 전의 청년 '사울'이었다. 그는 닥치는 대로 신자들을 잡아다가 감옥에 처넣었다. 그래서 신자들은 유다와 사마리아 여러 지방으로 뿔뿔이 흩어진다. 그들은 변방을 두루 돌아다니며 복음을 전하였다.

그때 필리포스 부제는 흩어진 신자들과 운명을 같이하였다. 그는 사마리아의 한 도시로 내려가서 그리스도를 전하였다. 호응은 뜨거웠다.

"군중은 필리포스의 말을 듣고 또 그가 일으키는 표징들을 보고, 모두 한마음으로 그가 하는 말에 귀를 기울였다. 사실 많은 사람에게 붙어 있던 더러운 영들이 큰 소리를 지르며 나갔고, 또 많은 중풍 병자와 불구자가 나았다. 그리하여 그 고을에 큰 기쁨이 넘쳤다"(사도 8,6-8).

이를 보면 필리포스가 말씀도 좋고, 능력도 있고, 마귀도 쫓아내는 등 사도들과 똑같은 권능을 가졌다는 것을 알 수 있다. 그 결실에 대하여 그는 매일 밤 잠들기 전에 이렇게 '보고 기도'를 올리지 않았을까.

심혼을 휘도는 강박에서
오늘도 복음을 전했습니다.
가슴 안에서 이는 바람에 떠밀려
큰 소리로 당신의 이름을 알렸습니다.

병든 자가 일어나고, 죽은 자가 살아나고, 파산한 이들이
심기일전하고, 파탄 난 가정에 다시 웃음이 돌고, 낙심하

던 이들이 다시 희망을 붙잡고, 슬퍼하던 이들이 기쁨을
되찾고, 방황하던 이들이 살아갈 목적을 발견하고….
당신의 이름으로 하여 집집마다 새로운 해가 떴습니다.

세례 터의 여운

그러던 어느 날, 필리포스에게 홀연히 천사가 나타나 하느님의 전갈을 건넨다.

"일어나 예루살렘에서 가자로 내려가는 길을 따라 남쪽으로 가거라. 그것은 외딴길이다"(사도 8,26).

그는 즉시 광야 길을 떠난다. 그 길에서 필리포스는 에티오피아 여왕 칸다케의 내시를 만난다. 그 내시는 여왕의 모든 재정을 관리하던 고관으로서 예루살렘 순례를 마치고 돌아가던 길이었다. 마침 그때 내시는 '이사야 예언서'를 읽고 있던 참이었다.

"학대받고 천대받았지만 그는 자기 입을 열지 않았다.

도살장에 끌려가는 어린 양처럼

털 깎는 사람 앞에 잠자코 서 있는 어미 양처럼

그는 자기 입을 열지 않았다"(이사 53,7).

필리포스는 내시에게 다가가 말을 건넨다.
"지금 읽으시는 것을 아시겠습니까?"
내시가 묻는다.
"여기서 '그'가 누굽니까?"

이렇게 해서 필리포스는 '그'에 관한 기쁜 소식을 전하게 된다(사도 8,30-35 참조).

'그'의 삶, 십자가 죽음, 그리고 부활의 소식을 전해 들은 내시는 그들이 물가에 이르자 화통하게 세례(洗禮)를 청한다.

"여기에 물이 있습니다. 내가 세례를 받는 데에 무슨 장애가 있겠습니까?"(사도 8,36)

필리포스는 이 화통한 청원에 역시 화끈하게 세례를 베푼다. 이리하여 내시는 북아프리카의 첫 번째 그리스도인이 된다. (북)아프리카에 하느님 나라를 세우기 위한 주춧돌이 된 것이다.

이야기를 읽으면서 우리는 내시의 유예 없는 결단과 함께 필리포스의 용단에 감탄한다. 무절차의 예식을 베푼 그의 거침없음은 결코 만용이 아니었으리라.

그날 바쳤을 또 다른 '보고 기도'에는 그의 순명의지가 이렇게 배어 있지 않았을까.

심장의 직관에 순명했습니다.
"예비자 교리를 받아야 합니다",
"이것을 배워야 하고 저것을 외워야 합니다",

"교육은 10개월 꼬박 채워야 합니다",
"찰고(察考)를 통과해야 합니다" 등등 밟아야 할 과정을
일절 생략하고
생명의 물을 부었습니다.

"술과 세속을 끊고",
"은퇴를 하고",
"생활 좀 정리를 하고" 등등
미룰 핑곗거리를
내팽개친
그의 용단에 대한
주저 없는 보상이었습니다.

'절차'보다 '상황'이 먼저요
형식보다 생명이 먼저요
법보다 사람이 우선이라시는,
거부할 수 없는 하늘 명령을
따름이었습니다.

≫

신앙의 추억

유다
토마스
안드레아

유다 /빗나간 회개자

유다의 오산

오늘날 '유다'라는 이름은 거의 모든 언어권에서 '배반자'라는 뜻을 지닌 대명사로 자리매김되어 있다.

객관적으로 유다는 어떤 인물이었을까? 유다는 카리옷 시몬의 아들이었다. 그래서 그의 정식 이름은 '유다 이스카리옷'이다. 그는 예수님의 열두 제자 이름에서 항상 꼴찌로 소개된다. 하지만 유다는 돈주머니를 맡았다. 회계! 일반적으로 조직에서 회계는 중요한 직책이다. 이 회계가 잘해야 조직의 운영과 활동이 원활하게 돌아가는 법이다. 그러기에 제자단 안에서 그의 위상은 결코 하찮지 않았다고 봐야 옳겠다. 그 역시 다른 제자들과 함께 성령의 권능을 받아 마귀를 쫓아내고 병을 고치며 복음을 전파하는 일에 파견되기도 하였을 테니, 무늬만 제자는 아니었던 것이다.

그런데 훗날의 역사는 유다에 대하여, 결과적으로 '악마의 하수인', '도둑' 또는 '배반자'로 기록하고 있다. 그렇다면 유다는 무슨 연유에서 스승 예수님을 적대자들에게 팔아넘겼을까? 요한복음에는 그 단서를 드러내 주는 한 대목이 있다(요한 12,1-8 참조).

어느 날 예수님께서 베타니아에 있는 마르타와 마리아의 집에 가셨다. 마르타는 늘 하듯이 그날도 예수님의 밥상을 차린다. 그사이에 마리아가 비싼 순 나르드 향유 한 리트라를 가져와서, 예수님의 발에 붓고 자기 머리카락으로 그 발을 닦아 드렸다(요한 12,3 참조). 사실 마리아는 미구에 닥칠 예수님의 죽음을 직관하고 있었던 것이다.

하지만 유다는 마리아의 튀는 행위를 보고 바로 돈 계산으로 들어갔다.

"어찌하여 저 향유를 삼백 데나리온에 팔아 가난한 이들에게 나누어 주지 않는가?"(요한 12,5)

이 생각은 진심이 아니었다. 그 뒤에 '삥땅 치려는' 음흉한 저의가 숨겨져 있었다. 성경에는 이렇게 표현되어 있다.

"그가 이렇게 말한 것은, 가난한 이들에게 관심이 있어서가 아니라 도둑이었기 때문이다. 그는 돈주머니를 맡고 있으면서 거기에 든 돈을 가로채곤 하였다"(요한 12,6).

이는 이후 유다의 배반에 대한 결정적인 단서가 되어준다. 요컨대 유다는 평소 돈주머니를 만지작거리면서 사심을 품고 있었고, 양심상 이를 무마하기 위하여 예수님의 경제개념을 삐딱하게 바라볼 명분을 쌓아가고 있었던 것이다.

"지금 군중에게 필요한 것은 호구지책! 예수님께서 '구원, 구원' 하시지만 생계가 무너지면 구원이 무슨 도움이람? 경제를 중히 여기셔야 할 텐데, 그와 상관없는 뜬구름 잡는 얘기만 하시니 답답한 노릇이군. 저 정도의 인기면, 돈을 긁어모으는 것은 식은 죽 먹기일 텐데 말야. 그러면 내게도 티 안 나게 떡고물 좀 생길 테고…."

처음부터 흑심이 있었던 건 아니었을 것이다. 애초에는 그저 경제적 메시아관에 집착하는 정도였을 성싶다. 하지만 견물생심! 점차 돈맛을 알아간 유다는 마침내 예수님이 자신이 고대하던 메시아가 아님을 단정하고, 스승을 적대자들에게 팔아넘기려는 유혹에 넘어갔다. 대충 해본 생각이 아니라 성경 문맥상 개연성이 높은 유추다.

비극의 전말　　실행에는 망설임이 없었다. 요한복음에는 유다가 "이제 이분한테는 나올 것이 더는 없구나"라고 결론 내리며 사탄의 꾐에 넘어갔음을 시사해주는 진술이 있다.

"만찬 때의 일이다. 악마가 이미 시몬 이스카리옷의 아들 유다의 마음속에 예수님을 팔아넘길 생각을 불어넣었다"(요한 13,2).

행동의 시간이 되자 유다는 수석 사제들에게 가서, "내가 그분을 여러분에게 넘겨주면 나에게 무엇을 주실 작정입니까?"(마태 26,15) 하고 묻는다. 받은 돈은 은돈 서른 닢! 유다는 그들과 함께 적당한 기회를 노리다가, 미리 짜놓은 각본에 따라 '입맞춤'으로 그들이 실수 없이 예수님을 붙잡도록 돕는다(마태 26,50 참조).

하지만 곧이어 유다는 극심한 심경의 변화를 겪는다. 일종의 회개였다. 경위는 이렇다. 유다는 그 후 예수님이 어떻게 되는지를 가만히 지켜본다. 아무리 그래도 그동안 든 정이 있지 않겠는가. 그런데 일은 그가 상상한 것보다 훨씬 고약하게 돌아간다. 그동안 자기가 스승으로 따르던 분이 사형선고를 받은 것은 과한 처사였다. 양심의 가책이 덥석 느껴진다. 그는 뉘우치고서, 그 은돈 서른 닢을 수석 사제들과 원로들에게 돌려주면서 말하였다.

"죄 없는 분을 팔아넘겨 죽게 만들었으니 나는 죄를 지었소"(마태 27,4).

유다는 후에 닥칠 일이 두렵기만 하였다. 하지만 그들은 일언지

하에 거절한다.

"우리와 무슨 상관이냐? 그것은 네 일이다."

절망! 남은 것은 온통 절망뿐이었다. 일을 돌이킬 방도가 없었다. 그러자 유다는 그 은돈을 성전 안에다 내던지고 물러가서 목을 매달아 죽었다(마태 27,5 참조). 사도행전에서는 "거꾸로 떨어져서 배가 터지고 내장이 모두 쏟아졌다"고 기록되어 있다(사도 1,18 참조). 표현은 다르지만 '자살했다'는 내용은 같다. 수석 사제들은 의논한 끝에 그 돈으로 옹기장이 밭을 사서 이방인들의 묘지로 쓰기로 하였다. 그 밭은 오늘날까지 "피밭"(마태 27,8)이라고 불린다.

미련　"나는 죄를 지었소"(마태 27,4)라고 뒤늦게 고백한 유다는 은전 서른 닢을 되돌려주는 것을 거절당하자 끝내 자살함으로써 '비극의 주인공'이 되었다. 잘못된 선택이 빚은 참변이었다. 사실 면목없는 것으로 치자면 유다의 배반보다 총애받던 베드로의 배반이 더 면구스러운 것이었다.

둘 다 나중에 회개하였다. 하지만 베드로가 주님의 자비를 바라보며 회개한 반면, 유다는 자기 심판으로 치달으며 회개하였다. 3년 내내 예수님께서 강조하셨던 하느님의 자비와 용서를 '돈 계산'에 정신 팔려 건성으로 들었던 탓일 터다.

유다 역시 자살 직전 기도는 바치지 않았을까. 그의 닫힌 마음을 열고서 억지스럽게 그의 기도를 공감해본다.

〈〉

"나는 죄를 지었소."
억장 미어지는 슬픔이, 은전 서른 닢을 돌려주며
"혹시나 없었던 일로 할 수 없을까?" 하는
일말의 미련을 실어 말했으나,
최후의 선고는
"그것은 네 일이다."

맞아요,
그것은 내 일.
당신에게서 "은 나와라 뚝딱, 금 나와라 뚝딱" 하는
경제 도깨비를 꿈꾸던 것이 화근이었죠.
걸핏하면 "가난한 이들은 행복하다"라며 해괴한 이론을
펼치시는 당신을
불온한 거짓 예언자로 단정했던 것이
나를 '불세출의 변절자'로 만든 결정적 어리석음이었죠.

맞아요, 그것은 내 일!
나는 도둑, 그것도 쩨쩨한 좀도둑이었습니다.

나는 생각 짧은 물질주의자였습니다.

내가 내 탐욕, 내 손, 내 꾀로 당신을 팔아넘겼습니다.

내가 죽을 죄인입니다.

내가 영원히 기억되어 마땅할 배반자입니다.

맞아요, 맞아요, 맞아요….

유다의 진짜 비극은 그의 뉘우침이 자책 언저리를 빙빙 돌았다는 데에 있었다. 만일 그가 베드로처럼 "그래도 나는 너를 용서하노라" 하시는 예수님의 눈빛이라도 마주할 수 있었다면, 얘기는 사뭇 달라졌을지도 모른다.

토마스 /실증주의자

이과형 머리　　　나는 이공대를 졸업한 후 신학도가 되었
　　　　　　　　　다. 이과대학의 학업 분위기와 문과대학
의 그것은 사뭇 달랐다. 이과 학습에서는 논리의 연결고리가 생략
되면 명제가 성립되지 않는다. 하지만 문과 학습에서는 극심한 논
리의 비약이 있어도 문장이 성립된다. 그 공백이 문학적 상상력으
로 메워지기 때문이다. 이런 까닭에 이과대 학생들과 문과대 학생
들의 대화 문화는 전혀 딴판이다. 이과생들은 완전한 논리를 잣대
로 삼기에 대체로 '알아도 모르는 체'하지만, 문과생들은 상상력의
보충을 믿기에 대부분이 '몰라도 아는 체'하는 경향이 있다.

　전수조사에 의한 것은 아니지만 예수님의 열두 제자 가운데에

대표적인 이과형 머리 2인방이 있다. 바로 토마스와 필립보다. 이들 두 인물 가운데, 여기서는 지면 관계상 필립보는 논외로 하고 토마스에게만 초점을 맞춰보자.

토마스는 교회 전통에서 회의론자로 치부되다시피 해왔다. 하지만 그 대신에 '이과형 머리'로 바꿔 불러주는 것이 보다 온당할 듯싶다. 토마스의 이과형 사고방식은 요한복음 14장에 잘 드러나 있다. 예수님께서는 곧 닥쳐올 십자가 수난에 대비하여 제자들에게 단단히 일러두신다.

"너희 마음이 산란해지는 일이 없도록 하여라. 하느님을 믿고 또 나를 믿어라. […] 내가 가서 너희를 위하여 자리를 마련하면, 다시 와서 너희를 데려다가 내가 있는 곳에 너희도 같이 있게 하겠다"(요한 14,1-3).

죽으심과 다시 오심에 대한 예고다. 이 슬픈 위로에 더하여 예수님께서는 "너희는 내가 어디로 가는지 그 길을 알고 있다"(요한 14,4)라고 말씀하신다. 이 길은 당연히 십자가를 경유하여 아버지께로 향한 수난 길이다. 하지만 '이과형 머리' 토마스는 보다 구체적인 표명을 물음으로 청한다.

"주님, 저희는 주님께서 어디로 가시는지 알지도 못하는데, 어떻게 그 길을 알 수 있겠습니까?"(요한 14,5)

이 순간 토마스는 꼬치꼬치 캐묻는 전형적인 학구파 학생이다. 그의 까탈스런 물음 덕에 오늘의 우리도 귀하디귀한 말씀을 얻게 되었다.

"나는 길이요 진리요 생명이다. 나를 통하지 않고서는 아무도 아버지께 갈 수 없다"(요한 14,6).

이 문장은 예수님의 정체와 본질을 핵심적으로 밝히는 매우 소중한 말씀으로 즐겨 인용되고 있다! 토마스 덕이다. 융통성 없어 보이는 토마스의 물음이 오히려 우리로 하여금 푸짐한 재미를 보게 해준 셈이다.

다락방 이야기

'이과형 머리'와 '실증주의자'라는 말은 거의 한 맥락이다. 토마스는 이후 다락방 사건에서 실증주의자의 면모를 유감없이 보여주었다.

예수님의 십자가 처형 직후 제자들은 다락방에서 문들을 겹겹이 걸어 잠그고 두려움에 떨며 숨어 있었다. 그때 부활하신 예수님께서 뜬금없이 나타나셨다. 운 없게도 토마스가 잠깐 자리를 비운 사이였다. 예수님께서는 "평화가 너희와 함께!"(요한 20,19)라는 인사말에 이어, 성령과 함께 용서의 권한을 제자들에게 위임하셨다(요한 20,22-23 참조).

토마스는 나중에 다른 사도들로부터 예수님 발현의 자초지종을 전해 듣고 즉각적으로 저 유명한 말을 한다.

"나는 그분의 손에 있는 못 자국을 직접 보고 그 못 자국에 내 손가락을 넣어 보고 또 그분 옆구리에 내 손을 넣어 보지 않고는 결코 믿지 못하겠소"(요한 20,25).

토마스는 제자들이 필시 유령에 홀린 것은 아닌지 의심하면서 그들이 보다 '실증'적인 태도를 취하지 못했음을 아쉬워한다. 물론, 그 속내에는 잔뜩 삐진 심사도 숨겨져 있었을 터다.

"주님도 무심하시지. 왜 하필이면 내가 없을 때 나타나시냐고!"

이 억하심정이 곧장 예수님께 전달되어서일까. 꼭 한 주일('여드레') 후 토마스가 함께 있을 때 예수님께서는 다락방에 다시 나타나 주신다. 그때 예수님께서는 말씀하신다.

"네 손가락을 여기 대 보고 내 손을 보아라. 네 손을 뻗어 내 옆구리에 넣어 보아라. 그리고 의심을 버리고 믿어라"(요한 20,27).

하지만 그럴 필요가 없었다. 그는 눈앞의 그분이 진짜 예수님이심을 이미 오감으로 확신했던 것이다. 즉시 이 실증주의자는 무릎을 꿇어 경배자가 되었다.

"저의 주님, 저의 하느님!"(요한 20,28)

이 한방 고백은 마치 9회 말 홈런과 같은 것이었다. 예수님을 '하느님'으로 선언함으로써 사실상 "당신은 살아 계신 하느님의 아들 그리스도이십니다"라던 베드로의 고백에서 진일보한 것이었다.

'믿는 이'가 되거라

예수님께서 토마스에게 주신 말씀의 백미는 "의심을 버리고 믿어라"(요한 20,27)다. 이 문장은 본래 그리스어 원문에는 이렇게 적혀 있다.

"토마스야, 아피스토스(apistos)가 되지 말고 피스토스(pistos)가 되어라."

여기서 아피스토스는 '안 믿는 이'란 뜻이고, 피스토스는 '믿는 이'란 뜻이다. 즉, "안 믿는 이가 되지 말고 믿는 이가 되라"는 말씀이었다. 이 원문은 우리에게 무릎을 탁 치는 깨달음을 준다.

말씀의 요지는 믿고 안 믿고는 하나하나의 사안에 달린 것이 아니라, 전체를 통으로 보는 태도 여하에 달려 있다는 것이다. 자신이 '믿는 이'가 되기로 선택하고 나면, 모든 것이 믿음의 눈으로 보인다. 이 믿음의 눈으로 보면, 다 축복이고 다 은총이고 다 행복이고 다 잘된다. 반면 '안 믿는 이'의 눈으로 보면 모든 것이 의심거리일 뿐 아니라, 다 불행이고 다 실패고 다 좌절이고 다 불평거리다. 결국, 예수님께서는 토마스 사도에게 이렇게 말씀하셨던 셈이다.

"토마스야, 네가 네 동료들이 전해준 내 첫 번째 발현 얘기를 믿지 않았던 것은, 그들의 전달이 미흡해서가 아니라 네가 평소 '안 믿는 이(apistos)'의 태도를 지녔기 때문이다. 너 그거 고쳐라. '믿는 이(pistos)'가 되면 비록 네가 보지 못했어도 내 부활을 진즉 믿었을 테니까."

예수님의 이 심오한 일침을 토마스는 단박에 알아차렸다. 그리하여 그는 "저의 주님, 저의 하느님!"(요한 20,28) 하는 최고의 신앙고백을 바쳤다. 이쯤에 이르자 예수님께서는 결정적인 한 수 권고를 평생의 과제로 남겨주신다.

"너는 나를 보고서야 믿느냐? 보지 않고도 믿는 사람은 행복하다"(요한 20,29).

토마스의 실증주의적 접근법을 인정해주시면서도 그보다 윗단계인 직관적 믿음에로 초대해주신 것이다.

짐작건대 그 이후 토마스는 와신상담하며 '믿는 이'가 되려는 믿음 연습에 돌입했으리라. '믿음 연습'을 위한 그의 중얼거림이 그 어떤 기도보다 절절한 기도 소리로 환청처럼 들려온다.

부활은 누가 보는가? 믿는 이다.
하느님은 누가 보는가? 믿는 이다.
희망은 누가 보는가? 믿는 이다.

답은 누가 보는가? 믿는 이가 본다.

은총은 누가 보는가? 믿는 이가 본다.
가능성은 누가 보는가? 믿는 이가 본다.

부활은 누가 보는가? 믿는 이다.
….
….

⌄

안드레아 / 긍정의 제자

메시아를 만났소!　　바야흐로 예수님께서 공적 활동을 시작하셨을 때, 하느님 나라의 도래에 대한 '복음'선포(마르 1,15 참조)에 이어 가장 먼저 하신 일은 제자들을 부르신 것이었다. 그 과정은 매우 극적이다. 예수님께서는 갈릴래아 호숫가를 지나가시다가 호수에 그물을 던지고 있는 시몬과 그의 동생 안드레아를 보시고, 그들을 부르신다.

"나를 따라오너라. 내가 너희를 사람 낚는 어부가 되게 하겠다"(마르 1,17).

그들은 무엇에 홀린 듯 그물을 버리고 곧바로 예수님을 따라나선다. 예수님께서는 조금 더 가시다가 배에서 그물을 손질하고 있던 야고보와 그의 동생 요한을 보시고, 그들도 부르신다. 그들 역시 아버지 제배대오와 삯꾼들을 배에 버려두고 즉시 예수님을 따라나선다(마르 1,20 참조). 이것이 호수에서 일어난 첫 번째 부르심이었다.

그런데 이상해도 한참 이상하다. 아무리 예수님 말씀의 권위가 특별했기로서니 어찌 한마디에 생업과 친부를 내팽개치고 따라나설 수 있단 말인가. 멀쩡한 상식으로는 도저히 이해가 안 간다.

그 의아스러움을 해소해주는 것이 바로 요한복음 첫머리의 일단(요한 1,37-41 참조)을 장식하고 있는, 예수님과 제자들의 첫 조우 일화다. 이야기는 세례자 요한으로부터 시작된다. 그가 자기 두 제자와 함께 있다가 예수님께서 지나가시는 것을 눈여겨보다 말한다.

"보라, 하느님의 어린양이시다."

세례자 요한의 두 제자는 이 말이 "저분이 메시아이시니 이제부터 저분을 따르거라"라는 권고임을 얼른 알아챈다. 그들은 즉시 예수님을 따라간다. 호기심 어린 시선이 자신의 등 뒤를 따르고 있음을 직감한 예수님께서는 돌아서시어 그들에게 물으신다.

"무엇을 찾느냐?"

예수님께서는 "왜 나를 따라오느냐?"라고 묻지 않으시고, 이를 구도적 차원의 물음으로 고양시켜 말을 건네신 것이다. 얼마나 운치 있는가. 제자들 답변 역시 걸작이다.

"라삐, 어디에 묵고 계십니까?"

호칭부터 심상치 않다. 공식적인 라삐가 아닌 예수님을 '라삐'로 칭한 것은 "제자가 되고 싶습니다"라는 암시다. "어디에 묵고 계십니까?"는 "결례가 안 된다면 수하에서 한 수 배우고 싶습니다" 쯤이 되겠다. 그들이 '될성부른 나무'임을 예감하신 예수님께서는 흔쾌히 허락하신다.

"와서 보아라."

그들은 그날 예수님과 함께 묵었다. "때는 오후 네 시쯤이었다"(요한 1,39)라고 복음서에 적혀 있다. 첫 만남의 시간을 정확하게 기억하고 있다는 것은 그날 사건이 이 두 사람의 뇌리에 짙게 각인되어 있다는 증표다. 얼마나 인상적이었으면.

그랬는데, 여기서 세례자 요한의 말을 듣고 예수님을 따라간 두 사람 가운데 하나가 바로 안드레아였다. 예수님과 헤어진 뒤 그는 곧장 자기 형 시몬을 만나, 어쩌면 섣부르달 수 있는 선언을 해버린다.

"우리는 메시아를 만났소"(요한 1,41).

이로써 안드레아는 예수님의 열두 제자 가운데 **가장 먼저 예수님을 메시아로 고백한 인물**이 되고, 또한 **가장 먼저 복음을 전한 사도**가 된 셈이다.

그건 그렇고, 이 얼마나 비상한가. 그 짧은 시간에 예수님이 '메시아'임을 단박에 알아보다니. 세례자 요한의 귀띔이 있었다 해도 결국은 직접 눈으로 본 바를 고백했다 할 것이니, 안드레아의 영적 명민함이 돋보이는 대목이다.

긍정의 시선

안드레아가 예수님을 대번에 메시아로 알아본 것은 새로운 것에 개방적인 그의 내적 태도의 발로일 수도 있다. 이런 점에서 그는 필경 긍정적 시선의 소유자였다 할 것이다. 이는 오천 명을 먹이신 빵의 기적 사건에서도 여실히 드러났다.

파스카 축제일이 가까이 오던 어느 때, 갈릴래아 호수 건너편에 계신 예수님께로 군중이 몰려들었다. 어스름한 저녁 무렵 그들의 배고픔을 가엾이 여기신 예수님께서는 필립보에게 "저 사람들이 먹을 빵을 우리가 어디에서 살 수 있겠느냐?"(요한 6,5) 하고 물으셨다.

이는 스스로 하시려는 일을 이미 잘 알고 있던 예수님께서 필립보를 시험해보려고 던지신 물음이었다. 필립보의 답변은 현실적이었다.

"저마다 조금씩이라도 받아 먹게 하자면 이백 데나리온어치 빵으로도 충분하지 않겠습니다"(요한 6,7).

한마디로 불가능하다는 얘기다. 1데나리온이 하루 일당에 해당하니 200데나리온이면 오늘의 가치로 환산해 1~2천만 원에 달하는 액수다. 그만한 돈도 없거니와 그 일대에서 그만큼의 빵을 한꺼번에 산다는 것도 아예 불가능한 일임은 자명한 계산! 필립보의 답변에는 하자가 없었다.

헌데, 그 상황에서 안드레아가 생뚱맞게 물어왔다.

"여기 보리 빵 다섯 개와 물고기 두 마리를 가진 아이가 있습니다만, 저렇게 많은 사람에게 이것이 무슨 소용이 있겠습니까?"(요한 6,9)

일단 그것들을 먹거리라고 여겨 아이를 데려온 것이 별나다. 웬만하면 "야 이놈아, 그걸 누구 코에 붙이겠느냐?"라며 일언지하에 돌려보낼 텐데, 무슨 심산으로 아이를 데려온 것인지! 게다가, 하나 마나 한 물음을 해온 것이 미련스럽다.

"이것이 무슨 소용이 있겠습니까?"

하지만 이 물음 같지 않은 물음에 기대어 예수님께서는 기적을 행하셨다. 예수님께서 차례로 빵과 물고기를 손에 들고 감사를 드리신 다음, 자리 잡은 이들에게 나누어주게 하시니 남은 빵조각만도 열두 광주리에 가득 찼다(요한 6,11-13 참조).

이야기 전체를 몇 번이고 새로 읽어보건대, 분명 예수님께서는 기적을 행하실 '빌미'를 찾고 계셨다. 마침 그 순간 안드레아가 멋진 '꺼리'를 가져왔던 것이다. 안드레아는 큰 집착 없이 '가능성'을 물었다. 예수님께서는 그 실없는 물음 자체를 기쁘게 받아주셨다.

이것이 은총이 내려지는 이치다. 명분의 꼬투리만 보이면 내려주신다. 긍정의 사람 안드레아는 얼떨결에 그 수혜자가 된 것이었다.

X자 십자가를 지고

열두 제자 가운데서도 안드레아는 베드로, 야고보, 요한과 함께 예수님의 최측근 4인방에 속했다. 예수님께서는 성전 파괴를 예고하시는 말씀을 이 4인방에게만 들려주셨다(마르 13장 참조). 보다 더 위중한 자리에는 그를 제외한 나머지 3인방을 수행시켰지만, 이는 그가 자격미달이어서가 아니라 남아서 나머지 여덟 제자를 통솔할 필요가 있을 때 그랬던 것 같다. 그만큼 그는 예수님의 총애를 받은 사도였다.

역사가 에우세비우스(Eusebius)의 저술 『교회사』에 의하면, 안드레아는 그리스에 가서 전교하다가 파트라스에서 X형 십자가에 매달려 순교했다고 한다. 죽음 앞에서 그가 바쳤다는 기도는 그가 무엇을 위하여 순교했는지를 눈물겹게 증언해준다.

"그리스도이신 예수님! 내가 뵈었고 내가 사랑했던 당신, 당신

안에 있는 나를 받으소서. 당신의 영원한 나라에 내 영혼을 받으소서. 아멘."

이 기도문을 읽는데 문득 눈앞에 아직 세워지지 않은 한 비문(碑文)이 어른거린다.

⌃

내가 사랑했던 님이시여!
내가 사랑하는 님이시여!
내가 사랑할 님이시여!

⌄

사랑했는데 무엇을 더 청하랴. 사랑하는데 무엇이 더 아쉬우랴. 사랑할 것인데 무엇을 더 희망하랴.

사랑가

/

베드로
바오로
요한 사도

베드로 /수장(首長)

선봉자형 리더　　단도직입적으로 말해서 예수님께서는 일 개 어부였던 베드로를 첫눈에 리더감으로 보신 듯하다. 그러기에 아직 그를 제자로 부르기 전 첫 번째 상견례에서 그를 "눈여겨보며"(요한 1,42) 그의 장차 이름을 '케파', 곧 '반석'이라 작명해주셨다. 훗날 사람들이 이 단어를 그리스어로 번역하여 '베드로'라 부르게 된 것이다.

　　예수님께서는 그의 어떤 면을 좋게 보아주셨을까. 복음서의 여러 단서를 종합하건대, 앞장서기를 두려워하지 않는 그의 '선봉자' 정신을 높이 사신 듯하다. 진취적 성품이라 할까. 그 방증은 얼마든지 있다. 그는 여러 곳에서 '첫 번째' 인물로 소개되고 있다.

그는 첫 번째로 예수님을 따라나선 사람이었다(마르 1,16-20 참조). 그는 첫 번째로 예수님을 그리스도로 고백한 사람이었다(마르 8,29 참조). 그는 열두 제자 가운데 부활하신 예수님을 첫 번째로 목격한 사람이었다(루카 24,34; 1코린 15,1-9 참조). 그는 성령 강림 후 첫 번째 설교자였다(사도 2,14-36 참조). 그는 첫 번째로 이방인에게 선교한 사람이었다(사도 10장 참조). 그는 예루살렘 공의회에서 첫 번째로 연설(사도 15,7-11 참조)한 사람이었다.

첫 번째가 되는 것은 1등이 되는 것과 다르다. 1등이 되는 것은 실력의 문제이지만, 첫 번째가 되는 것은 태도의 문제다. 첫 번째가 되는 것은 모험이다. 실패, 망신, 사기, 나아가 손가락질을 감수해야 하는 위험천만한 일이다. 이 '첫 번째' 정신이 갈릴래아의 촌부를 예루살렘 언덕과 로마 광장 위에 우뚝 선 복음선포의 깃발이 되게 한 것이다.

의리의 변주곡　　　베드로는 의리의 사나이이기도 했다. 그가 예수님께 툭툭 던졌던 말들에서는 '의리 논리'가 물씬 묻어난다. 예수님께서 빵의 기적에 이어 빵의 영성을 설파하시자 많은 제자가 '못 알아먹겠다'며 예수님을 떠난 일이 있었다(요한 6,66 참조).

천하의 예수님도 삐치셨을 그때, 예수님께서 "너희도 저들처럼 떠나겠느냐? 너희도 내 강의가 그렇게도 어렵냐?"라고 물으시자, 베드로의 답변이 걸작이었다. "주님, 저희가 누구에게 가겠습니까? 주님께는 영원한 생명의 말씀이 있습니다"(요한 6,68). 자신에게도 알쏭달쏭했지만, 여하튼 의리 정신으로 알아들은 체했던 것이다.

카이사리아로 가는 길목에서 "그러면 너희는 나를 누구라고 하느냐?"(마태 16,15)라는 예수님의 돌발 질문에, 얼떨결에 "스승님은 살아 계신 하느님의 아드님 그리스도이십니다"(마태 16,16)라고 고백하여, 졸지에 교회 수장(首長)으로 선언 받은 직후 발동한 것도 '의리'의 혼이었다. 예수님께서 "내가 그런데 고난을 받아야 되느니라" 하시며 수난을 예고하시자 대뜸 베드로가 "아니 되옵니다"라고 막고 나섰던 것이다(마태 16,22 참조). 이를테면 "저는 주님의 충실한 호위무사! 그런 일일랑 목숨 걸고 막겠습니다"라는 기세였다. 비록 사탄으로 내몰리며 혼쭐은 났지만, 인간적으로는 감동적인 의리의 대화였다 할 것이다.

하지만 '의리의 사나이'로서 베드로의 자의식은 예수님을 세 번 부인한 단 한 건의 배반으로 여지없이 무너진다. 수난 직전 "오늘 밤에 너희는 모두 나에게서 떨어져 나갈 것이다"(마태 26,31)라는 예수님의 말씀에 "모두 스승님에게서 떨어져 나갈지라도, 저는 결코 떨어져 나가지 않을 것입니다"(마태 26,33)라고 답변했을 때만 해도 베드로는 기세등등했다. 베드로의 이 말은 지금까지 그의 인생이 배반을 모르는 삶이었음을 뜻한다. 이는 거짓말도 아니고 장담도 아닌, 분명한 사실이었다.

이것이 불과 몇 시간 후에 사정없이 허물어질 줄이야. 이윽고 시험의 시간이 엄습했을 때, 그의 입술에선 "나는 그 사람을 알지 못하오"(마태 26,72)라는 말이 지체 없이 튀어나왔다. 그것도 서슬 퍼런 빌라도의 법정에서가 아니라 단지 심문의 장소에 불과했던 카야파의 집에서였다. 게다가 칼을 든 군인들의 위협이 아닌, 한갓 "하녀"(마태 26,69)의 말에 그의 의리는 비참하게 무너졌다. 심지어 "거짓말이라면 천벌이라도 받겠다"(마태 26,74 참조)며 발뺌을 하는 처절한 내면을 드러내면서 허물어졌다.

어차피 의리에 관한 베드로의 자긍심은 허물어져야 했다. 그가 밖으로 뛰쳐나가 자괴감에 쓰러져 울고 있을 때, 잠깐 마주친 예수님의 눈빛에서 베드로는 그분의 결정적 가르침을 읽었다.

"좋다. 베드로! 너 인간성 좋고, 너 의리 있고, 다 좋다. 그러나 네가 나중에 교회를 이끌어가려면, 인간성 하나만 가지고는 안 되느니라. 아무리 자기가 제 인간성을 믿어도, 목 앞에 칼 들어와 봐라. 얘기가 달라질 거다. 그러니 꼭 필요한 것은 너 자신의 의리가 아니라, 나에 대한 절대적 믿음이다. 너는 앞으로 네 이름을 버려라. 필요한 것은 오로지 나의 이름, 예수 그리스도이니라."

나자렛 예수 그리스도의 이름으로

예수님의 부활 직후, 예수님을 세 번 부인한 베드로의 배반은 극적으로 용서받는다. 유다는 그 역사적인 배반 이후 자기연민에 매몰되어 비극의 주인공이 되었지만, 베드로는 예수님의 자비에 마지막 희망을 걸어 마침내 완전한 용서를 누리게 되었던 것이다. 이는 세 번에 걸친 "네가 나를 사랑하느냐"시는 물음에 뒤이은 "내 (어린) 양들을 돌보아라"(요한 21,15.16.17)라는 선언으로 '초대 교황'으로서 재신임을 받은 사실에서 확인된다.

면목 없는 배반과 극적인 재신임! 그 이후 그는 말도, 행동도, 믿음도 180도 바뀐 사람이 되어 있었다. 사도행전으로 넘어가면 베드로는 '나는'이라는 주어를 더는 사용하지 않는다. "나자렛 예수 그리스도의 이름으로 명하노니 일어나 걸어라"(사도 3,6 참조)에서 보이듯이 그에게 권능의 원천은 '나자렛 예수 그리스도의 이름으로'인 것이다.

그 이름 뒤에 서려 있는 그의 기도 소리는 우리를 위한 깨달음의 소리이기도 하다.

그날 밤, 저는 죽었습니다.
더불어 케파도 베드로도 의리맨도 죽었습니다.
죽음을 알기 전 저는 들쭉날쭉이었습니다.
때로는 대범했다가(루카 5,11 참조), 때로는 겁약했다가(마르 14,66-72 참조),
때로는 영웅이었다가(마태 16,16 참조), 때로는 사탄이었다가(마태 16,23 참조),
때로는 심복(요한 18,10 참조)이었다가, 때로는 배반자(요한 18,25-27 참조)였다가,
때로는 믿음직했다가, 때로는 불안했다가 하더이다.

그날 밤, 저는 죽었습니다.
대신에 두 이름을 얻었습니다.
죽음으로 얻은 새 이름들로 새 세상이 열렸습니다.

'나자렛 예수 그리스도의 이름으로' 말하고 행하니,
하늘과 땅이 떨고 요지부동의 평화가 깃들었습니다.
'사랑의 이름으로' 양 떼를 돌보니,
희생보다 더 큰 희열은 없더이다.

바오로 /복음에 미친 자

열혈 박해자의 변절

바오로로 개명되기 전 본명은 사울. 본디 그는 박해자였다. 악명 높은 그의 활약은 스테파노 부제의 순교 직후부터 예루살렘을 중심으로 하여 시작된다. 이후 그리스도인들이 박해를 피해서 온 유다와 사마리아 지방, 더 멀리는 다마스쿠스까지 흩어지자, 그는 유다 지도자들로부터 권한 위임과 군사 지원을 받아 활약 범위를 점점 넓혀간다. 사울의 박해는 매서웠다(사도 22,19 참조).

어쩌다가 그는 열혈 박해자가 되었을까? 한마디로, 예수님의 가르침이 전적으로 자신이 신봉하던 율법을 거스르거나 왜곡한다고 확신했기 때문이다. 그러기에 그리스도인들을 소탕하기 위해

다마스쿠스로 향하는 그의 가슴은 율법 수호의 열정으로 불타고 있었다.

"이것은 야훼의 뜻이다. 우리 조상들의 종교, 모세의 율법을 사수해야 한다. 사도(邪道), 곧 거짓 도리를 퍼트리는 그리스도인들을 발본색원해야 한다!"

그랬는데, 돌연 사울에게 청천벽력 같은 일이 생긴다. 도상에서 '번개 같은 섬광'에 맞고 말에서 떨어진 것이다. 이에 사울은 눈이 먼다(사도 9,3-5 참조). 사울은 이후 드라마틱한 회개 과정을 거쳐 '이방 민족들을 위해' 선택된 그릇이 된다(사도 9,15 참조). 이를 후세의 역사가들은 유럽 문명의 판도를 뒤엎은 결정적인 사건이요, 구세사의 궤적을 바꾼 인류적 사건으로 기록한다.

이리하여 부제 스테파노의 처형에 동의하였던 열혈 청년 사울은 이제 '바오로'로 개명되어, 스테파노가 장렬하게 감당했던 '예수의 이름으로 겪어야 할 고난'(사도 9,16 참조)의 길을 가게 된다. 이후 죽을 때까지 그의 평생 행로는 소아시아를 중심으로 유럽을 누비는 복음전파의 여정이었다.

복음의 진수: 율법에서 은총으로

열두 사도는 대부분 갈릴래아 출신

으로서 율법을 깊이 있게 배울 기회가 없었다. 하지만 바오로 사도는 달랐다. 그가 바리사이 중의 바리사이였다는 사실은 율법에 정통했음을 뜻한다. 더구나 그는 당대 최고의 석학인 가말리엘 문하에서 율법을 배웠다. 그랬기에 그는 율법의 광적 신봉자였다.

이 사실은 처음에는 그가 '복음'을 받아들이는 데에 큰 장애가 되었지만, 개종 후 '복음의 핵심'을 파악하는 데에는 결정적 강점이 되었다. 율법의 소중함을 아는 만큼, 그 약점도 알고 있었기 때문이다.

그는 율법을 깊이 공부할수록 율법 자체가 사람을 죄에서 해방시켜주지 못함을 깨달았다. 율법은 단지 무엇이 죄인지를 명료하게 인식하도록 도와주는 기능을 할 뿐이었다. 그러기에 그는 율법의 한계를 이렇게 고백한다.

"여기에서 나는 법칙을 발견합니다. 내가 좋은 것을 하기를 바라는데도 악이 바로 내 곁에 있다는 것입니다. 나의 내적 인간은 하느님의 법을 두고 기뻐합니다. 그러나 내 지체 안에는 다른 법이 있어 내 이성의 법과 대결하고 있음을 나는 봅니다. 그 다른 법이 나를 내 지체 안에 있는 죄의 법에 사로잡히게 합니다. 나는 과연 비참한 인간입니다"(로마 7,21-24).

누구든지 바오로의 이 고백을 조금만 깊이 곱씹어보면 이런 비극이 자신의 내면에서도 매일, 아니 매 순간 발생하고 있음을 시인하게 된다. 바오로뿐 아니라 누구든지 '내적'으로는 '하느님의 법', 곧 율법을 반긴다. 그것이 좋은 길을 제시한다는 걸 잘 안다. 하지만 인간 지체 안에 '다른 법'이 도사리고 있다가 '이성의 법', 곧 율법과 대결한다. 그리하여 마침내 악을 행하고자 하는 육체의 법이 선을 행하고자 하는 이성의 법을 굴복시켜 '죄'를 짓게 한다! 그러기에 인간은 '비참'하다는 얘기인 것이다.

그렇다면 그 출구는? 바오로 사도는 그 답을 예수 그리스도에게서 발견한다.

"누가 이 죽음에 빠진 몸에서 나를 구해 줄 수 있습니까? 우리 주 예수 그리스도를 통하여 나를 구해 주신 하느님께 감사드립니다"(로마 7,24-25).

바로 이 지점이 '복음'의 진수가 드러나야 할 대목이다. 예수 그리스도는 어떻게 우리를 죄에서 구원해줄 수 있다는 말인가? "십자가 죽음의 희생 제사로 우리들의 죗값을 대신 치르심으로써"라고 바오로는 답한다. 그럼으로써 우리 죄인들에게는 거저 용서받는 '은총'이 주어졌다는 것이다. 결론적으로, 복음에 대한 바오로의 요지는 이렇다.

"이제, 예수님의 십자가 죽음으로 인하여, 율법을 '행함'으로써가 아니라 그리스도를 '믿음'으로써 구원의 '은총'을 누릴 수 있게 되었습니다. 이것이 바로 '기쁜 소식', 곧 복음인 것입니다."

복음에 미치다

복음의 진수를 깨우치고 나니, 다혈질 바오로 사도는 지난날 온통 '율법'에 쏟았던 열정을 이제 '복음'에 집중하게 되었다. 복음에 관한 한 그는 미치광이였다.

"우리가 정신이 나갔다면 하느님을 위하여 그러한 것이고, 우리가 정신이 온전하다면 여러분을 위하여 그러한 것입니다. 그리스도의 사랑이 우리를 다그칩니다"(2코린 5,13-14).

한 편의 시다. 하느님을 위해서라면 미쳐도 좋다. 복음을 전하도록 사랑이 '다그치기에'. 그러함에 그는 말한다.

"나의 주 그리스도 예수님을 아는 지식의 지고한 가치 때문에, 다른 모든 것을 해로운 것으로 여깁니다. 나는 그리스도 때문에 모든 것을 잃었지만 그것들을 쓰레기로 여깁니다"(필리 3,8).

그가 쓰레기로 여겼다는 것은 지난날 그의 최고 자긍심이었던 바리사이의 명예, 하늘 높이 쌓았던 율법 지식, 로마 시민의 특권 등 아주 실제적인 것들이었다.

이 정도였으니, 복음을 전하기 위하여 그가 무엇인들 마다했을까.

"나는 아무에게도 매이지 않은 자유인이지만, 되도록 많은 사람을 얻으려고 스스로 모든 사람의 종이 되었습니다. 유다인들을 얻으려고 유다인들에게는 유다인처럼 되었습니다. 율법 아래 있는 이들을 얻으려고, 〔…〕율법 아래 있는 사람처럼 되었습니다. 〔…〕율법 밖에 있는 이들을 얻으려고 율법 밖에 있는 이들에게는 율법 밖에 있는 사람처럼 되었습니다. 약한 이들을 얻으려고 약한 이들에게는 약한 사람처럼 되었습니다. 나는 어떻게 해서든지 몇 사람이라도 구원하려고, 모든 이에게 모든 것이 되었습니다. 나는 복음을 위하여 이 모든 일을 합니다"(1코린 9,19-23).

너무 감동적이라 길지만 전문을 인용했다. 이 고백에는 부연 해설도 사족일 것이다. 단지 그의 선창을 따라 짧은 기도를 함께 바쳐볼 뿐이다.

⌃

제가 미쳤습니다.
당신의 사랑으로 인하여, 제가 맹목에 빠졌습니다.
제가 미쳤습니다.
율법의 늪에서 저를 건져주신 그 공짜 용서로 인하여, 제가
황홀에 들었습니다.
제가 미쳤습니다.
그 복음 모든 이에게 전하고 싶다는 강박으로 인하여, 제가
안달이 났습니다.

덜 미쳤습니다.
당신 사랑의 천 길 깊이에 이르기에는, 턱없이 미달입니다.

더 미치고 싶습니다.

흐드러지는 구원의 은총 울며불며 노래하려면, 더 취해야

합니다.

더 미치게 하소서.

남은 자긍 쓰레기로 여기고 복음에만 골몰하도록, 거룩한

광기를 부어주소서.

아멘!

요한 사도 /묵시가

사랑받던 제자　요한은 미소년이었다. 그가 형 야고보와
함께 예수님으로부터 처음 부르심을 받았
을 때, 그는 10대의 풋풋한 소년이었다. 열두 사도 가운데 막둥이
였던 그는 "야훼의 은총을 받는다"는 뜻의 '요한'답게 예수님의 총
애를 받았다. 워낙 어려서 예수님을 따랐기에 애처로워서였을 것
이다. 그런데 요한복음에서 그가 자신을 "예수님께서 사랑하신 그
제자"(요한 21,7)라고 기록하고 있는 것을 보면, 그는 저 특은을 내
심 자랑스럽게 기억하면서도 자신만의 비밀로 간직하고 싶어 했
던 것 같다. 겸덕의 발로라고도 볼 수 있겠다.

　재미있는 사실은 5세기경부터 그가 '미소년'이었다는 점이 과장
되어 그의 초상이 무조건 '수염 없는' 꽃미남으로 그려지고 있다는

점이다. 이것이 반그리스도교적 저술 『다빈치 코드』에서 예수님 오른편에 앉은 요한이 마리아 막달레나로 오해받게 되는 빌미가 된 것이다.

요한은 막내였음에도, 초대교회에서 중요한 위상을 점하고 있었다. 성령 강림 후 얼마간 베드로가 있는 곳에는 늘 요한 사도가 함께 있었다. 그는 한동안 베드로의 오른팔이었다. 그러기에 바오로 사도는 요한을 교회의 기둥이라고 표현한다. "교회의 기둥으로 여겨지는 야고보와 케파(베드로)와 요한은 하느님께서 나에게 베푸신 은총을 인정하고, 친교의 표시로 나와 바르나바에게 오른손을 내밀어 악수하였습니다"(갈라 2,9).

이쯤 되니 왜 야고보와 요한이 예수님께서 예루살렘에 올라가실 때 계속 영의정, 좌의정 자리를 청하였는지 이해가 간다. 가능성이 있으니까 청탁하려 했던 것이다. 아이러니하게도 야고보와 요한은 서로 운명이 갈린다. 야고보는 사도들 가운데 최초의 순교자가 되었다. 반면에 요한은 기원후 90년대까지 가장 오래 살았다.

천둥의 아들에서 사랑의 사도로

야고보와 요한에게 예수님께서는 똑같이 '보아네르게스'라는 별명을 붙여주셨다. '천둥의 아들'이라는 뜻의 이 별칭을 얻은 것은 그들의 불뚝 성질 때문이었다. 여기에는 사연이 있다.

어느 날 예수님 일행이 사마리아를 지나 예루살렘으로 가려 하는데, 동네 사람들이 길을 막아선 채 못 지나가게 했다. 이 꼴을 당한 야고보와 요한은 분기탱천하여 예수님께 이렇게 청한다.

"하늘에서 불을 내려다가 벼락을 칩시다"(루카 9,54 참조).

이 말에 예수님께서 야단을 치신다.

"너희는 보아네르게스야, 천둥의 아들! 그 성질머리로는 큰일을 못하는 법. 아직도 늦지 않았으니 이제부터 사랑을 배우거라."

사랑?! 요한은 이날의 창피를 가슴에 새겨둔다. 그 뒤로부터 사랑의 '사' 자만 나와도 메모를 해두면서 사랑 공부에 몰두한다. 그 결과로 요한 사도는 네 복음서 가운데 유일하게 예수님께서 명하신 '사랑의 새 계명'을 기록하였다.

"내가 너희에게 새 계명을 준다. 서로 사랑하여라. 내가 너희를 사랑한 것처럼 너희도 서로 사랑하여라"(요한 13,34).

요한 사도에게 이 '새 계명'은 '사랑의 혁명' 대장전(magna carta) 격이었다.

그런데, '새 계명'이라? 대체 무엇이 새롭단 말인가? 서로 사랑하여라? 이 말씀은 구약에도 있다. 레위기 19장 18절이 전하는 "네 이웃을 네 몸과 같이 사랑하여라"라는 구약의 계명과 전혀 차

이가 없다.

그렇다면, 대관절 무엇이 새롭다는 말인가? 아하! "내가 너희를 사랑한 것처럼", 이 부연 말씀에 뭔가가 있는 것 같다.

그렇다면, 예수님께서는 제자들을 어떻게 사랑했는가? 이 물음에 요한 사도의 뇌리에는 지난 3년간 예수님의 눈빛, 말투, 마음 씀씀이 그리고 '착한 사마리아인'(그렇다, 바로 그 '사마리아인'들)의 비유, 성체성사 제정 그리고 십자가상 무한 용서로써 몸소 보여주신 원수사랑 등등이 주마등처럼 떠올랐으리라.

"저런 사랑이라면 '완전', '딴판으로' 새로운 것이다!"

요한 사도가 순간적으로 내렸을 결론은 이제 우리의 동의이기도 하다.

나라가 오시며

예수님께서는 다른 모든 사도에게는 복음을 증거하다가 이윽고 순교하도록 허락하셨지만, 요한 사도만은 끝내 살려두셨다. 파트모스 섬에서 요한 묵시록을 기록하게 하시기 위함이었다. 하지만 호강하는 삶은 그에게 허락되지 않았다. 그 역시 피로써가 아니라 박해받음으로, 그리고 몸부림치는 희망으로써 동료 사도들의 순교에 동참한 셈이다.

무지막지한 묵시적 용어로 기록된 파트모스 섬에서의 환시는 종국에 희망의 증언으로 귀결된다. 그 가운데 끝까지 신앙에 충실하면서 온갖 시련을 견뎌내고 있는 신앙인들에게 주시는 희망의 약속은, 듣는 것만으로도 위로가 된다.

"하느님 친히 그들의 하느님으로서 그들과 함께 계시고 그들의 눈에서 모든 눈물을 닦아 주실 것이다. 다시는 죽음이 없고 다시는 슬픔도 울부짖음도 괴로움도 없을 것이다"(묵시 21,3-4).

이 얼마나 좋은 세상인가. 눈물도, 죽음도, 슬픔도, 울부짖음도, 괴로움도 없는 세상. 묵시록은 그 세상이 도래할 것을 예고한다.

과연 그 나라는 어디 있는가. 물론 죽음 저 너머의 세상이 그런 나라일 것이다. 하지만 그것만이라면 이 세상에서의 우리 삶은 너무도 고달픈 천형이 아닐까. 그러기에 예수님께서는 희망의 단서를 남겨두셨다. 우리는 방금 말씀 서두에 "하느님 친히 그들의 하느님으로서 그들과 함께 계시고"가 저 모든 것을 누리는 조건문으로 제시되어 있음에 주목해야 한다. 곧, 하느님께서 '그들과 함께' 계실 때, 그런 세상이 임하는 것이다.

그렇다! 주님이 함께 계시면 만사 오케이다. 아니, 내가 주님을 떠나지만 않는다면 그 나라는 이미 나와 함께 있다. 그러기에 우리의 마지막 외침은 "아멘. 오십시오, 주 예수님!"(묵시 22,20)이 되는 것이다.

유배지 파트모스 섬 해변에서 요한 사도는 어떤 기도를 바쳤을까. 모름지기 '주님의 기도'였을 것이다. "저희에게도 기도하는 법을 가르쳐 주세요"라며 제자들이 청했을 때, 주님께서 몸소 가르쳐주신 기도! 이 기도에는 바로 앞에서 언급된 '하느님 나라'의 오심뿐 아니라, 그 나라의 본태(本態)가 지상의 언어로 묘사되어 있다. 그러니 박해 시대에 주님의 제자들이 이 기도를 바치며, 그들이 만났던 주님에 대한 그리움을 달랬을 것은 당연한 귀결이었을 것이다.

그 그리움 때문에라도 요한 사도가 음미하면서 바쳤던 주님의 기도는 왠지 멜랑콜리하지 않았을까.

하늘에 계신 우리 아버지,
"주님의 아빠(abba), 그리하여 제 하늘 아빠! 저 요한입니다."
아버지 이름이 거룩히 빛나시며,
"저희 '불효 인간'들의 패역으로 짓밟혔던 아빠 이름,
다시 칭송받으셔야죠."
아버지의 나라가 오시며,
"다시는 눈물도, 죽음도, 슬픔도, 울부짖음도, 괴로움도
없는 나라, 오매불망 저희의 기다림입니다."
아버지의 뜻이 하늘에서와 같이 땅에서도 이루어지소서.

"아빠의 숙원인 죄인들의 구원, 땅끝까지 이루시기 위해서라면, 제 땀과 눈물과 피도 바치리이다."

오늘 저희에게 일용할 양식을 주시고

"이미 하루하루 생존이 당신의 먹이심 덕! 그저 감사입니다."

저희에게 잘못한 이를 저희가 용서하오니 저희 죄를 용서하시고

"고약한 박해자를 어렵사리 용서했더니, 진즉 받은 용서 더욱 귀한 은혜로군요!"

저희를 유혹에 빠지지 않게 하시고

"노구임에도 편안과 진미의 유혹, 장수의 유혹, 명성의 유혹 만만치 않으매, SOS!"

악에서 구하소서.

"나의 추락과 영원한 사망을 원하는 자여, 나자렛 예수 그리스도의 이름으로 명하노니, 썩 물러가라!"

아멘.

"아무렴, 그렇고말고, 할렐루야!"

새벽의 기별

큰아들
마르타
예수님

큰아들/볼멘 기도

이상한 아버지   핵심 메시지야 영구적으로 유효하겠지만,
요즘과 같은 '가정 위기'의 시대에 '되찾은
아들의 비유', 더구나 옛날식 표현 그대로 '탕자의 비유'는 전혀 매
력적으로 들리지 않는다. '진부하다'는 느낌을 넘어 '식상하다'는
거부감마저 드는 것은 나만의 편견일까.

시빗거리는 "왜 하필이면 작은아들만 '집 나간 못된 아들'로 설
정되어야 하는가?"에서 비롯된다. 이런 문제의식은 '가출한 형의
비유', '수렁에서 건진 딸의 비유', '되돌아온 엄마의 비유', '실종된
아빠의 비유' 등으로 무마될 수 있을까. 건강한 가정에 대한 그리
움에서 답답한 심정을 달래볼 심산으로 궁굴려보는 상상이다.

필요한 것은 형평의 회복이다. 그 일환으로 철저히 '큰아들'의 입장에서 예수님의 비유 말씀에 귀 기울여보자.

큰아들의 관점에서 봤을 때, 아버지의 처사는 도무지 이해가 가지 않는다.

철없는 작은아들이 유산을 미리 달란다고 덥석 물려준 것만 해도 그렇다. 허긴 '두 아들'에게 각자의 몫(루카 15,12 참조)을 나눠준 것은 그중 공평한 일이었다.

그리고 작은아들이 자기 것을 모두 챙겨 먼 고장으로 떠나려고 했을 때, 말리지 않은 것도 부모의 아량치고는 좀 과하다 싶다. 결국은 작은아들이 방종한 생활로 모든 것을 탕진하고(루카 15,13 참조) 곤궁에 허덕이도록(루카 15,14 참조) 원인 제공을 한 셈이 아닌가.

그건 그렇다고 치자. 당신께서 허락을 하셔놓고는 왜 만날 노심초사 작은아들 걱정이신가? 당신께서 그러셔놓고는 어찌 이제나 저제나 작은아들이 다시 돌아오기만을 목 빼고 기다리며 동네 어귀를 서성이시는가?

부아가 치밀게 한 건 바로 그다음의 얘기다. 어느 날 일터에서 집으로 돌아오는데 집 안에서 노래와 춤추는 소리가 들려온다. 하인에게 무슨 일이냐고 물으니, "아우님이 오셨습니다. 아우님이 몸 성히 돌아오셨다고 하여 아버님이 살진 송아지를 잡으셨습니다"(루카 15,27)라고 한다.

하인으로부터 그 자초지종을 마저 들으매, 속이 뒤집히고 분통이 터질 노릇이다. "어찌 당신의 가산을 탕진한 그놈을 그렇게 속없이 환영할 수 있는가? 포옹, 입맞춤, 좋은 옷, 반지, 신발, 급기야 살진 송아지까지? 나 원 참, 기가 막혀 환장하겠네!"

아버지니까 그럴 수밖에 없었겠지.
본디 부모사랑이란 것이 내리사랑이니까 그러셨겠지.
그런 것이 자비의 어쩔 수 없는 속성이니까 누구도 말릴 수 없었겠지.

아무리 접어드려도, 아버지의 저 과잉 환대는 도저히 이해해줄 수가 없다. 이에 "큰아들은 화가 나서 들어가려고도 하지"(루카 15,28) 않는다.

어떻게 '저 아들'에게

잔뜩 골이 난 큰아들. 낌새를 알아챈 아버지가 밖으로 나와 그의 등을 두드리며 들어가자고 "타이른다". 여기서 '타이르다'라는 단어는 한두 번 권유한 것이 아니라, 뒤틀린 심사를 누그러뜨리려고 끈질기게 설득함을 가리킨다.

큰아들은 분노의 정당함을 논리적으로 입증하려 하면서, 사실에 입각하여 불만을 털어놓는다.

⌃

아버지,
"창녀들과 어울려 아버지의 가산을 들어먹은 저 아들"(루카 15,30)입니다.
그 녀석이 멀찍이서 보이니까 아버지가 달려나가 "목을 껴안고 입을 맞추"(루카 15,20)어주셨다고요?
"어서 가장 좋은 옷을 가져다 입히고 손에 반지를 끼우고 발에 신발을 신겨 주어라"(루카 15,22)라고 하셨다고요?
그것으로도 모자라 "살진 송아지를 끌어다가 잡아라. 먹고 즐기자. 나의 이 아들은 죽었다가 다시 살아났고 내가 잃었다가 도로 찾았다"(루카 15,23-24)라시며 잔치판을 벌여주셨다고요?
이기적이고, 계획성 없고, 방탕하고, 몰염치한, 당신의 '저 아들'한테요!

아버지,
"여러 해 동안 종처럼 아버지를 섬기며 아버지의 명을 한 번도 어기지 않았"던 저에게는 "친구들과 즐기라고 염소 한 마리 주신 적"(루카 15,29)이 있으셨던가요?
단 한 번이라도 말이에요!

이건 안 되는 겁니다. 큰마음으로 받아주려 해도, 이건
결코 안 되는 겁니다.
이건 아닙니다. 큰 생각으로 이해해드리려 해도, 이건 절대
아닙니다.

여기서 잠깐! 만일 이 아버지가 '하늘 아버지'라면 이런 볼멘소
리도 기도라고 쳐줄 수 있을까. 물론이다. 이름하여 볼멘 기도.

하여간 이렇게 큰아들의 상념은, 그 자신 그렇게 우애를 모르는
불한당도 아닌데, 더구나 지금껏 나름 부끄럽지 않을 만큼 효심으
로 살아왔다고 자부했는데, "이번 일만은 용납할 수도 동의해드릴
수도 없다"는 결론으로 기울고 있었다.

'네 아우' 다   아버지에게는 저런 큰아들의 심드렁한 얼굴
이 답답하기만 하다. 그의 심정 속속들이 모
르는 바 아니나, 그의 완고함은 스스로 해제해야 할 그 무엇임에
틀림없다.

그러기에 애써 큰아들의 분통을 어르는 아버지 음성을 타고 '하
늘 아버지'의 뜻깊은 달램이 다소곳이 흘러 들린다.

아들아,
나는 너에게도 '몫'을 주었다.
더불어 자유(自由)도 주었다.
그런데 그는 떠났고, 너는 남았다.

나는 너희에게서 자유를 박탈할 수 없다.
나는 그에게 '떠나지 말라' 하지 않고, 너에게 '떠나라'
하지 않는다.
그것은 너희의 선택이다.

자비 때문이다.
자비는 자유를 준다.
떠나고 말고, 등지고 말고, 돌아오고 말고, 믿고 말고가
다 너희의 선택이다.
자비는 너희의 자유가 허무의 길을 갈 때 '함께' 아파하고,
자비는 너희의 자유가 보람의 길을 갈 때 '함께' 기뻐한다.

자비는 끝까지 충실하고, 끝까지 바보스럽다.
충실하기에 끝내 돌아오기를 기다린다.
바보스럽기에 언제고 얼싸안는다.

그는 '네 아우'다.

그가 '(당신의) 저 아들'이 아니라 '네 아우', 너의 '내 아우'로 변하는 순간,

비로소 너는 그토록 불만인 나의 이 자비를 공감하리라.

그리하여 너도 강요나 심판을 떨치고, 허락해주고, 걱정해주고, 기다려주고, 포옹해주고, 함께 기뻐해주고, 잔치를 벌여주게 되리라.

"아이고, 내 아우, 내 동생" 하며 진땀, 피땀, 눈물, 콧물 다 흘리리라.

마르타 / 마나님 영성

예수님, 북받쳐 우신 까닭

나에게 예수님의 최고 매력을 하나 대라고 한다면, 나는 서슴지 않고 '눈물을 흘리심'을 꼽고 싶다. 예수님께서는 곧잘 우셨다.

어느 날 예루살렘이 내려다보이는 언덕배기에서 장차 예루살렘에 들이닥칠 재앙을 예견하시고 우시는 장면(루카 19,41 참조)은 청년 시절 나의 마음을 흔들어댔다. 그것은 울음을 넘어 통곡이었다. '평화의 길'을 모르는 사람들에 대한 사랑이 얼마나 컸기에 곡성이 그토록 절절했을까.

또 하나의 감동이 상갓집에서 '북받쳐' 우시는 모습으로 전율을 자아낸다. 곳은 라자로의 죽음을 애도하던 현장! 사연은 이렇다.

마르타와 마리아가 오빠 라자로가 병들었다고 인근에 오신 예수님께 전갈을 보냈더니 웬일인지 그분은 한참 늑장 끝에 나타나셨다.

"예수님께서 가서 보시니, 라자로가 무덤에 묻힌 지 벌써 나흘이나 지나 있었다"(요한 11,17).

예수님께서는 마중 나온 마르타를 위로하시며 당신 자신의 부활과 라자로도 다시 살아날 것임을 재차 언급하시지만, 마르타는 이를 믿으면서도 슬픔을 누그러뜨리지 않는다. 여기에 "마리아도 울고 또 그와 함께 온 유다인들도 우는 것을 보신"(요한 11,33) 예수님께서는 심란해지셨다.

"예수님께서는 마음이 북받치고 산란해지셨다"(요한 11,33).

이 문장에서 '북받치고'는 흐느껴 우는 것을 가리킨다. 성경 본문에서 여기에 굳이 '우셨다'(요한 11,35 참조) 또는 '북받쳤다'(요한 11,38 참조)는 표현을 추가하고 있는 것을 보면, 이 모습이 현장의 사람들에게 매우 인상적이었던 듯하다.

아이러니한 것은 예수님께서는 곧 라자로를 살려낼 생각이셨는데도 함께 우셨다는 사실이다. 이 이야기는 결국 예수님께서 라자로가 묻혀 있던 동굴 입구까지 몸소 가시어, "라자로야, 이리 나와라"(요한 11,43)라고 호령하시며 그를 살려내심으로 종결되었다.

그렇다면 "그만들 울어요. 내가 즉시 살려낼 테니!"라는 한 마디면 삽시간에 분위기가 반전될 텐데, 예수님께서는 왜 저리도 통절하게 애곡하셨을까?

예수님께서는 그때 그들만을 위해 우신 것이 아니라, 사별(死別)의 슬픔을 겪어야 하는 모든 사람의 숙명을 함께 아파하시며 우신 것이다. 죽음을 애도하는 모든 부류의 사람들을 위해서 같이 울어 주신 것이었다. 말하자면 조문을 하신 것이었다. 오늘도 그 어디에선가 초상이 나면 제일 먼저 문상 오시어 울어주시는 분이 바로 예수님 아닐까.

베타니아 고을 삼 남매

우리에게 예수님의 저 찐한 눈물의 사랑을 확신할 수 있도록 해준 마르타와 마리아, 그리고 라자로! 이들 삼 남매가 살고 있던 곳은 예루살렘 동쪽 올리브 산자락을 끼고 앉은 고을 베타니아였다.

베타니아는 지리적으로 예루살렘으로 올라가는 길목에 있는, 도시로부터 약 3Km 떨어진 외곽지역에 해당한다.

이런 이유로 예수님께서는 일행과 함께 예루살렘에 들를 일이 있으셨을 때, 잠시 이 삼 남매의 집에 머무르곤 하셨던 듯하다. 이 삼 남매 모두가 제자 그룹에 속했을 것임은 물론이다. 예수님과의 사이가 얼마나 각별했으면 마르타와 마리아는 오빠 라자로가 중병에 들자 "주님, 주님께서 사랑하시는 이가 병을 앓고 있습니다"(요한 11,3)라고 전하게 했을까.

예수님께서는 라자로만 사랑하신 것이 아니었다. 요한복음은 다음과 같이 명백히 밝힌다.

"예수님께서는 마르타와 그 여동생과 라자로를 사랑하셨다"(요한 11,5).

예수님께서 죄인들까지 두루 아울러 폭넓게 사랑하셨음을 강조하는 복음서가 사람의 이름을 거명하면서 '사랑하셨다'라고 기록하고 있는 것은 이례적인 일이다. 뒤집어 이해하자면 그만큼 이 삼 남매가 예수님께 드렸던 사랑도 지극했다는 얘기일 것이다.

그랬기에 예수님께서 당신 공생활의 마감을 예감하고, 파스카 절기 축제에 참여하기 위해 '죽음의 소굴' 예루살렘에 입성하기 바로 전날 밤을 베타니아 고을 삼 남매 집에서 묵으신 것은 결코 우연이 아닐 성싶다.

'마나님' 표 기도

뜸을 좀 들였지만, 오늘 우리의 관심이 기우는 것은 삼 남매 가운데 마르타다. '마르타'는 본디 '주부' 또는 '마나님'을 뜻한다. 이름 뜻 그대로 마르타는 마리아의 언니로서 집안에서 '마나님' 역할을 했던 듯하다. 이것이 마르타가 삼 남매의 일원으로서 의식했던 정체성이었던 것이다.

어느 날 예수님께서 제자들과 함께 불쑥 들르셨을 때도 그랬다. 마르타는 습관처럼 예수님 일행을 "자기 집으로 모셔 들였다"(루카

10,38). 그 이후 이날 일어난 일은, 예수님께서 마침 들으셨던 "어떻게 하면 영원한 생명을 얻을 수 있는가"(루카 10,25 참조)라는 물음과 관련된 '하느님 사랑'의 방법론을 성찰토록 해준다.

알다시피 마르타는 주님을 대접하는 데 우선 마음을 쓴다. 한편 마리아는 예수님의 발치에 앉아 말씀을 귀담아듣는다(루카 10,39 참조). "갖가지 시중드는 일로 분주"(루카 10,40)한 마르타! 도와주지 않는 마리아의 '이기적(?)'인 처사가 못마땅하여, 예수님께 구시렁댄다.

"주님, 제 동생이 저 혼자 시중들게 내버려 두는데도 보고만 계십니까? 저를 도우라고 동생에게 일러 주십시오"(루카 10,40).

자신을 두둔해줄 줄 알았던 마르타에게 돌아온 것은 기대 밖의 말씀이다.

"마르타야, 마르타야! 너는 많은 일을 염려하고 걱정하는구나. 그러나 필요한 것은 한 가지뿐이다"(루카 10,41-42).

"마르타야, 마르타야!"라며 정답고 자상하게 두 번이나 이름을 부르신 것은 예수님께서 마르타의 수고와 정성스러운 마음을 무시하지 않으셨음을 드러낸다.

본문에 언급된 '많은 일'과 '한 가지'의 구분에 대하여는 사본마다 조금씩 다르게 표현되어 있다. 어떤 학자들은 '여러 가지 접시'가 필요하지 않고 오직 '한 접시'만 있으면 족하다고 해석하기도하고, 세상일에 너무 분주한데 오직 중요한 것은 내 말을 듣는 것 뿐이라고 해석하기도 한다. 어떻든, 예수님의 결론은 단호하다.

"마리아는 좋은 몫을 선택하였다. 그리고 그것을 빼앗기지 않을 것이다"(루카 10,42).

전통적으로 그리스 문화권의 영향을 받은 오리게네스의 견해에 따라 마리아의 태도를 '관상생활'로 마르타의 태도를 '활동적 삶'으로 구별한다. 초기에는 이 구별에서 우열 또는 선후를 읽어내려는 경향이 우세하였으나, 오늘날에는 이 둘을 보완적인 관계로 보려는 관점이 대세다.

이야기를 곰곰 반추해보면 예수님께서 당신을 생각하는 마르타의 심정을 알고 계셨음이 드러난다. 적어도 그녀가 주님을 섬기는 일에서는 온 정성을 바쳤던 것이다. 이는 분명 예수님께서도 인정하는 마르타의 몫이었다. 만일 마르타가 이렇게 예수님을 접대하기 위해 부산을 떨지 않았더라면 예수님께서 그렇게 편하게 말씀을 전할 수 없었을지도 모르는 것이다.

다만 마르타가 자기 것이 더 중요하다고 생각하고 다른 사람의 몫을 빼앗으려 한 것이 문제였던 것이다.

한 가지 확실한 것은 마르타가 그토록 분답스러웠던 이유 중 하나가 관심과 귀를 줄곧 예수님의 말씀에 두었다는 사실이라는 것이다. 들을 것은 자신도 다 들었던 것이다.

그렇지 않았더라면 앞의 이야기, 라자로의 죽음을 배경으로 한 예수님과의 대화 중에 마르타의 입에서 저 장한 고백이 나왔을 리 만무한 것이다.

"예, 주님! 저는 주님께서 이 세상에 오시기로 되어 있는 메시아 시며 하느님의 아드님이심을 믿습니다"(요한 11,27).

이런 믿음이 있었기에 오빠 라자로의 죽음에 대한 마르타의 슬 픔과 원망이 고스란히 기도 에너지로 응축되어 라자로를 살리는 기적을 행하도록 예수님의 마음을 움직였던 것은 아닐까.

그날, 잠을 청하기 전 마르타의 기도는 어땠을까? 그것이 회의 를 넘어 깨달음으로 치달았을 것은 무리한 기대가 아닐 것이다.

편잔인지 칭찬인지 모를 '필요한 것은 한 가지뿐'으로
제 사려 영영 분답스럽습니다.
혹시나 목마르시지 않을까,
혹시나 배고프시지 않을까,
혹시나 여독으로 피곤하시지 않을까,
오직 그 '한 가지'에 제 사랑 골몰했는데.
혹시나 그게 빗나간 겨냥이었나요.

핀잔인지 칭찬인지 모를 '좋은 몫'으로
제 심사 내내 갸우뚱입니다.
역시나 나 몰라라가 아닐까,
역시나 'none of my business'가 아닐까,
역시나 이기적 처사가 아닐까,
도무지 '좋은 몫'이 삐딱해 보이는데,
역시나 그게 정곡의 관통, 중용(中庸)이었나요.

아아, 핀잔이면서 칭찬이었군요.
"마르타야, 너의 '한 가지'와 마리아의 '좋은 몫'은 서로
다르지만, 둘 다 소중한 것이니라!"
아아, 그리하여 칭찬이면서 핀잔이었군요.

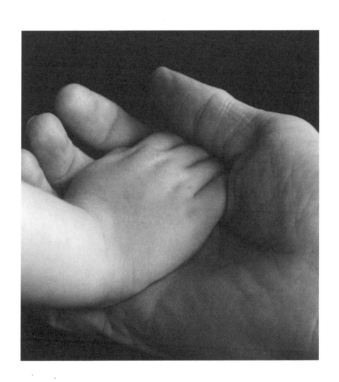

예수님 / '아빠' 기도

몸소 기도하시다　　　성자 예수님! 엄연히 삼위일체 하느님
　　　　　　　　　　　　의 한 축이시다. 성부 하느님 그리고
성령님과 함께 세 위격(位格)으로서 이미 일체(一體)의 관계에 있으
신 분이 성자 예수님인 것이다.

　'일체'라는 것은 서로 뜻이 '하나'이며 '통한다'는 사실을 가리킨
다. 자체로 '소통'이기에 서로 말할 필요도, 청할 필요도 없다는 것
이 논리적인 결론이다.

　그런데! 예수님께서는 지상생활 중에 몸소 성부 하느님을 향하
여 기도하셨다. 이를 어떻게 이해해야 할까? 묵상하건대, 이는 예
수님께서 지상에서 '인간인 척'하고 사신 것이 아니라 '완전한 인간'

으로 사셨음을 의미한다. 바로 '강생의 신비'에 속하는 대목이다.

여하튼, 예수님께서도 기도하셨다. 적당히가 아니라 오지게 하셨다. 이런 의미에서 예수님의 기도는 우리에게 알토란 같은 영감을 준다. 예수님이야말로 우리 기도생활의 으뜸 선생님이시다.
예수님께서는 어떻게 기도하셨을까? 예수님께서는 하루의 대소사를 기도로 시작하셨다. 복음서를 따라 예수님의 기도를 추적해보면, 다음과 같은 특징이 확인된다.

첫째, 한적한 곳에서 홀로 기도하기를 즐기셨다.
되도록 밤에, 홀로, 산으로 물러가셔서 기도하셨다(루카 5,16 참조). 기적을 행하신 뒤 군중을 보내시고 조용히 기도하시려고 산으로 올라가셨으며(마태 14,23 참조), 영광스러운 변모 전에는 베드로와 요한과 야고보를 데리고 따로 기도하러 산으로 가셨다(루카 9,28 참조).

둘째, 당신의 가르침 및 행적을 시작할 때나 마무리할 때에 꼭 감사의 기도를 올리셨다.
오천 명을 먹이신 기적을 베푸실 때에도 빵과 물고기를 손에 들고 하늘을 우러러 감사의 기도를 드리셨으며(루카 9,16 참조), 제자들과의 최후의 만찬 때에도 빵을 들어 감사의 기도를 올리셨다(루카 24,30 참조). 복음서는 예수님께서 성부 하느님께 시시각각으로 감사 기도를 바치셨음을 도처에서 증언한다.

셋째, 때로는 밤샘 기도도 마다치 않으셨다.

제자들을 불러 모으기에 앞서 산에서 밤새워 기도하셨으며(루카 6,12 참조), 낮에는 성전에서 가르치시고 저녁이 되면 올리브 산에 올라가셔서 밤을 지내시기도 하셨다(루카 21,37 참조).

넷째, 중요한 순간에는 혼신을 짜내는 기도를 바치셨다.

수난과 죽음을 앞두시고는 큰 소리와 눈물로 기도하셨는데(히 브 5,7 참조), 그 간절함이 피와 땀으로 흘러나올 정도였다. "예수님 께서 고뇌에 싸여 더욱 간절히 기도하시니, 땀이 핏방울처럼 되어 땅에 떨어졌다"(루카 22,44). 이렇게 예수님께서는 근심과 번민에 싸여 절규하셨으며(마르 14,34-36; 루카 23,34 참조), 죽음 직전에는 '어찌 하여 나를 버리셨느냐'고 부르짖으며 기도하셨다(마태 27,46 참조).

다섯째, 공생활 정리 국면에서는 제자들을 성부 하느님께 맡기 는 장엄 기도를 바치기도 하셨다.

내용은 주로 제자단 및 향후 교회가 유혹을 이기고 일치를 이뤄 모두 구원의 대열에 합류함으로써 아버지의 영광을 드러내게 해 주십사 하는 것이었다(요한 17,6-19 참조).

이렇게 일별하는 가운데 내게 깨달아지는 것은 이것이다.

"아하, 그러니까 예수님에게 기도는 하늘 아버지와 연결된 '핫라인'이며 '끈'이었구나! 그리하여 매 순간 하늘 아버지의 '영'으로 휘감겨, 당신의 지혜와 권능을 발휘할 수 있었던 것이로구나."

'아빠'와 아이 사이

제자들은 예수님의 기도에는 뭔가 특별한 것이 있음을 금세 알아챘다. 예수님께서 기도하시니, 하늘이 열리며 하느님의 음성이 들리는가 하면(루카 3,21-22 참조), 당신 얼굴이 새하얗게 빛나기도 하고(루카 9,29 참조), 기적들이 일어나는가 하면(요한 11,41-44 참조), 사람들과 마귀까지 압도하는 말씀의 권능이 발휘되기도(마르 9,29 참조) 했던 것이다.

한마디로 예수님의 기도는 통하는 기도였다. 이에 제자들은 그 기도를 배우고 싶은 욕심에 이렇게 청했다.

"저희에게도 기도하는 것을 가르쳐 주십시오"(루카 11,1).

여기서 '기도하는 것'은 '기도하는 법'을 가리킨다.

이 간곡한 청원에 예수님께서는 흔쾌히 가르쳐주셨다. 이름하여 '주님의 기도'다.

'주님의 기도'는 우리에게 '무엇을 청할까' 이전에 '어떻게 청해야 할까'를 가르쳐준다. 곧 기도의 이상적인 '구성형식'을 가르쳐준다(졸저, 『통하는 기도』 참조).

'주님의 기도'에서 우리가 배우는 결정적으로 중요한 것은 관계설정의 지혜다. 기도에서 관계설정은 왜, 그리고 어떻게 중요한가?

성경이 제시하는 '나'와 '하느님'과의 관계는 주님과 (하느님)백성, 주인과 종, 신랑과 신부, 친구, 그리고 아버지(부모)와 자녀의 관계 등으로 나타난다. 이 가운데 어느 관계를 상정하고 기도하느냐에 따라서 기도의 분위기와 언어, 그리고 결과가 달라질 수 있다. 하나하나 짚어보면 각각 강점들이 있다.

"주 하느님! 당신 백성이 아룁니다. …" 하느님 보우하심의 약속과 책임을 강변할 때, 호소력이 있을 듯하다.

"주(인)님! 당신 종이 청합니다. …" 종의 입장에서 섬김에 충실한 것을 전제로 주(인)님의 돌보심을 요구할 때, 설득력이 있을 듯하다.

"나의 연인이시여! 당신의 사랑 아무개입니다. …" 사랑과 의리의 관점에서 상호 충실을 확인하고자 할 때, 위로가 되는 기도일 듯하다.

"내 친구시여! 친구로서 청합니다. …" 의논거리를 가지고 지혜를 청할 때, 흡족한 상담이 되는 기도일 듯하다.

"아빠! 나 막내예요. …" 이것저것 가릴 것 없이 다 통할 수 있는 기도일 듯싶다.

비교를 통해 드러났듯이, 성경이 제시하는 여러 관계는 사실 기도의 사안에 따라서 각각의 장점을 발휘한다. 하지만 아버지(부모)와 자녀의 관계에서 바치는 기도는 거의 무제한적으로 하늘 아버지의 마음을 허문다고 해도 지나침이 없다.

바로 이런 이유로 '주님의 기도'는 시작부터 하느님을 "(하늘에 계신 우리) 아버지!"라고 부르도록 가르친다.

예수님께서는 여기서 한술 더 뜨시어 하느님을 그냥 '아버지'가 아니라 '아빠'라고 부를 것을 권하신다. 예수님 몸소 하느님을 아람어로 '아빠(abba)'라고 부르셨다. 아빠는 본래 아이가 아버지를 부르는 호칭이다. 우리말로 번역해도 '아빠'다. 이 '아빠'라는 호칭은 두 가지 강조점을 내포한다.

우선 우리네 아빠가 어린아이에게 전폭적인 신뢰로 응석을 부리거나 떼를 쓰거나 도움을 청할 수 있는 분인 것처럼, 하느님께서 사람에게 그런 '아빠'시라는 사실을 깨우쳐준다. 요컨대, '아빠'라는 호칭은 하느님 아버지를 '자식 바보'로 만들어 자식 앞에 속수무책이 되는 약한 마음을 품게 한다.

다음으로, 기도하는 이는 철저하게 '어린이'의 자세를 취해야 한다는 것을 가르쳐준다. 하느님께 기도할 때는 "어린이와 같이"(마태 18,3 참조) 단순하고 의지하는 마음을 지녀야 한다는 것이다. 아버지께서는 "철부지 어린아이들"(마태 11,25 참조)에게 당신을 드러내 보이시기 때문이다.

'주님의 기도'를 따르면, 이렇게 하느님을 '아빠'라고 부른 다음 우리가 구해야 할 것은 크게 '아버지의 일'과 '사람의 일'에 관한 것이다. 이 두 가지는 매우 단순한 소통의 지혜를 반영한다. 곧 '나'의 곤란을 털어놓기 전에 먼저 상대방, 즉 '아빠'의 고충에 마음을 써 드리라는 것이다. 그러기에 '사람의 일'에 관한 청원을 올리기 전에 '하느님의 일'에 대한 기원(祈願)을 바치라는 것이다. 핵심은 간단하다.

"먼저 '하느님의 일'을 위해바치며 찬미와 감사와 영광을 올려라! 그러면 아빠 하느님께서는 구하기도 전에 먼저 '사람의 일'을 챙겨주시리라."

어느 다른 기회에 예수님께서 기도에 대하여 가르치시면서 깨우쳐주셨던 기도의 우선순위가 주님의 기도 정신과 전적으로 합치함을 절대 예사롭게 넘기지 말 일이다.

"너희는 '무엇을 먹을까?', '무엇을 마실까?', '무엇을 차려입을까?' 하며 걱정하지 마라. 이런 것들은 모두 다른 민족들이 애써 찾는 것이다. 하늘의 너희 아버지께서는 이 모든 것이 너희에게 필요함을 아신다. 너희는 먼저 하느님의 나라와 그분의 의로움을 찾아라. 그러면 이 모든 것도 곁들여 받게 될 것이다"(마태 6,31-33).

"걱정하지 마라"는 말씀은 '구하지 말라'는 뜻이 아니다. 그보다는 이런 것들을 '우선사안'으로 삼아 자나 깨나 집착하며 노심초사하지 말라는 말씀이다. 그러기에 '먼저' 하느님 나라와 의를 구하라고 순서를 일러주신 것이다.

아이의 한숨

예수님의 '딱 한 수 가르침'을 따라, 우리도 하느님을 '아빠'라고 부르며 먼저 아빠의 영광을 위해 찬미와 감사를 올린 끝에 '나'의 바람(소원)을 청하면 어떤 응답이 어떻게 내려질까. 회상인 듯 추억인 듯 들려오는 한 아이의 기도에 귀 기울여보자.

⋀

아빠! 나 셋째, 막내예요.

아빠! 내가 아빠 사랑하는 거 아시죠.
아빠! 근데, 요새 무슨 일 있으세요?
흐린 날씨처럼, 얼굴빛에 근심이 서려 보여요.
아빠 뜻대로 다 잘되기를 빌어요, 제발요.

아빠! 아빠 없이는 나 못 사는 거 아시죠.
아빠! 근데요, 나두 요즘 고민이 있어요.
으음-, 그게 뭐냐하면요, 나 로봇 장난감 하나 갖고 싶은데,

그게 좀 비싸걸랑요. 아빠 요즘 돈 없잖아요.

어휴―, 그냥 생각뿐이에요.

아빠! 사랑해요.

아빠! 나 집에서두 밖에서두 싸우지 않고 아이들이랑 잘

지낼게요.

그리구 아빠엄마 말씀 잘 듣고 나쁜 짓 안 할게요.

나두 교황님처럼 되고 싶거든요.

아빠! 아빠 최고.

우리 '늙은' 어린이들이 '아빠' 하느님께 이런 류(類)의 기도를 바
칠 수 있다면, 우리의 기도에 무엇이 더 보태져야 하랴.

헤아려보니 58명의 성경 속 인물들과 교감했다. 고백하거니와 나는 매번 성령의 감동으로 선정된 인물들의 인간적 고뇌와 깊게 교감하는 은혜를 누렸다. 실존의 막장에서 토해진 탄원의 배냇소리, 생의 흑야에서 두리번거리며 한 줄기 별빛을 더듬던 고독한 시선들, 그리고 불쑥 드리워진 '그분 영광'에 하염없이 눈물만 번지던 가난한 이의 얼굴들…. 의인이고 죄인이고 없이, 다 내 민낯이다. 그리하여 드러난 것은 오직 하느님의 영광!

그네들을 이담 하늘 나라에서 만날 때 서먹서먹하지 않을 만큼 친해져 있다는 행복한 착각에 지금도 빠져 있다. 사실이었으면 좋겠다.

그리고! 이제 막 '무모했던' 시도를 마감하려는 마당에, 딱 한마디 기도를 더 보태고 싶다.

"글 쓰는 내내 저를 동행해 주신 성령님, 줄곧 행간에 생동하시면서 읽는 이들로 하여금 이윽고 '기도는 나의 기쁨, 나의 힘'이라 노래하게 하소서. 할렐루야, 아멘."

이 글 묶음이 '기도들'의 증거이어서 일까. 단지 내 심중의 원을 마지막 기도글로 적었을 뿐인데, 벌써 고요한 응답이 들리는 듯하다.

"그리하여 나는 그들의 하느님이 되고
그들은 나의 백성이 되리라"(히브 8,10).